身体とアフォーダンス

ギブソン『生態学的知覚システム』から読み解く

染谷昌義・細田直哉・野中哲士・佐々木正人 著

新・身体とシステム

佐々木正人・國吉康夫 編集

金子書房

序

二〇〇一年から刊行を開始した第一期シリーズ「身体とシステム」の序は、以下のように書き始められた。

現在、心（マインド）の科学といわれている領域がはっきりと姿をなしたのは十九世紀後半のことである。しばらくして人々はその新しい領域を心理学と呼び始めた。この新しい学問は、医学や生理学、生物学、物理学、文学などと連続した領域であり、二十世紀哲学の母体でもあった。残念ながらこのオリジナルの柔軟さはやがて失われた。物質科学の厳密さへのあこがれに縛られ、対象を自在に見詰める眼差しは曇った。リアリティを研究者の都合で分裂させ、その一つ一つのかけらのなかで事象を因果的に説明しつくす方法論が急速に浸透した。その流儀の後継者たちが長らくこの領域で優位にたった。

知の可能性があった。心理学というのは多種の思考の混淆体であり、そこには未

そして序は以下のように続けられていた。

二十一世紀になった。いま種々の領域がまったく独自に心の研究をはじめている。はじまりの心の科学の活気が戻ってきている。

本シリーズのタイトル「身体とシステム」は、ここに述べられているように、還元主義と因果論を特徴とする二十世紀心理学の伝統とは異なる「ヒトの科学」の道を探るあらゆる試みを意味していた。シリーズの第一期では、この機運を、文化、社会、認知、表現、記憶などの領域で示す六冊を刊行した。

第一期から時が経ち「身体とシステム」の動向には、その核心部分で、つまり身体それ自体の捉え直しにおいてめざましい進展がある。ここに刊行する「新・身体とシステム」シリーズは、このように急速に変わりつつある「身体とシステム」のすがたをあらためてコンパクトな叢書として読者に届けるために企画された。

現在の「身体とシステム」は二つの動きからなる。

すでに一九三〇年代の革新は、ヒトの動きが下位システムの複合する高次システムであることを見通していた（ニコライ・ベルンシュタイン著『巧みさとその発達』（工藤和俊訳／佐々木正人監訳　金子書房）ように、二十世紀科学は、ヒトの動きが機械の運動とはまったく異なる原理によることを明らかにした。いまではマクロな身体現象に複雑系や、とくに非線形科学（非平衡現象の科学）の解析法をもちいることがトレンドになり、洗練された方法は身体についての知識を一変させた。これが第一の動向である。

こうした運動科学の世界的な変化に、知覚の生態学的アプローチが合流したのは一九八〇年頃である。二つの出会いが、媒質（空気）の光構造や、振動の場、ソフトな力学的接触などからなる生態学的情報に身体が包まれ、身体運動の制御がそれらと無関係ではないことを明らかにした。周囲に潜在する膨大な意味が、包囲情報が特定する環境表面のレイアウトにあるという発見がもたらされた。身体とそれを囲むところをシステムと考える、この第二の動向は、認知科学、ロボティクス、リハビリテーション、プロダクト・デザイン、建築などの分野に広がっている。

わが国の研究者は、この環境と身体を同時に射程に入れるヒトの科学の一翼を担っている。二〇〇七年に新時代の「身体とシステム」を議論する「知覚と行為の国際会議」が横浜で開催され、半数以上の海外発表を含む百五十名の参加者が交流した。

このような時代に書き継がれる、「新・身体とシステム」各巻には、概念と事実の新しい展開が提示されている。ベルンシュタイン問題（多自由度身体の制御法）への確立したアプローチ、非線形運動科学による多様なジャンルの複雑な行為の解明、身体に生まれながら埋め込まれている（固有の）ダイナミクスをベースとする発達運動学、包囲音情報に含まれている行為的意味の音響分析、面レイアウトの意味を探る生態学的幾何学、実世界動物のしなやかで巧みな振る舞いの原理から構成するソフト・ロボットや乳児ロボットなどが各巻の主題となる。

各巻は、身体について、その動きの原理について、身体の周囲をデザインすることについて、はじめて述べられることが、わかりやすく紹介されている。心理学とその関連領域の研究者や院生のみならず、ヒトの科学の新時代に興味を持つ若い高校生や学部生をはじめ「身体とこころ」について考える広い読者にも、このシリーズの各巻が何かのヒントになれば幸いである。

二〇一六年五月

「新・身体とシステム」編者
佐々木正人
國吉康夫

目次＊身体とアフォーダンス——ギブソン『生態学的知覚システム』から読み解く

プロローグ

本書は四名による長い対話のいわばライブの記録です。参加者に共通しているのは、アメリカの心理学者ジェームズ・J・ギブソン（Gibson, J. J.）の思想に興味をもっていることです。対話はギブソンの一九六六年の著作、『生態学的知覚システム』（Gibson, 1966）（註1）からはじまり、その身体論の真意や、哲学の背景へと、かなり深みに及んでいます。

はじまりは、函館での学会のシンポジウムでした。二〇一二年七月のことです。それでは話し足りなくて、その年の九月に東京で長く議論しました。さらに二年たって、二〇一四年九月に集まりました。この日は、新しい話題にかかりきりになりました。この時間経過はそのままにして、本が編まれました。

ギブソン理論とは何なのか、思い切ってなんでも話しました。きっと生態心理学について、これまでに例のないイントロダクションになっていると思います。わたしたちが話し合った時間を、読者と共有できれば幸いです。

対話者一同

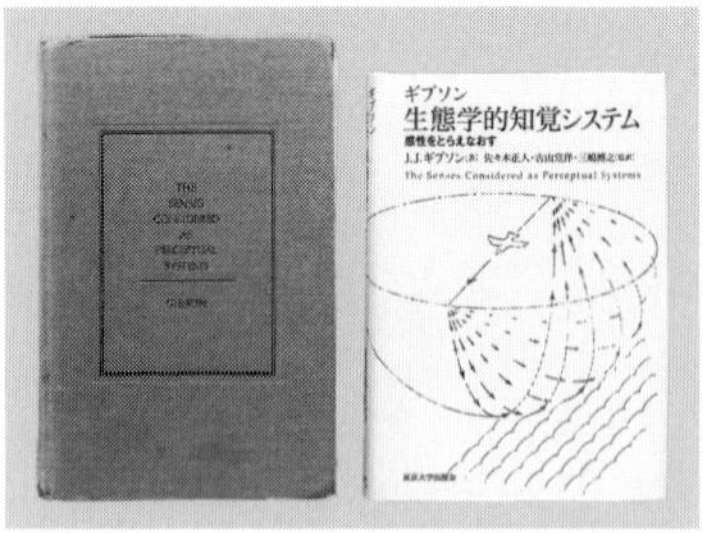

ギブソンの『生態学的知覚システム』の英語版（左）と日本語版（右）の表紙

註1　アメリカの心理学者ジェームズ・J・ギブソン（一九〇四―七九年）は、生涯に三冊の本を書いた。その三冊とは、一九五〇年の『視覚ワールドの知覚』（邦訳は新曜社より刊行。以下同じ）、一九六六年の『生態学的知覚システム』（東京大学出版会）、一九七九年の『生態学的視覚論』（サイエンス社）である。いずれの著作も心理学史に残る古典であり、ギブソンの後継者たちはしばしば、愛着をこめて、それぞれの著作を五〇、六六、七九のように年号で呼ぶ。

知覚とは、動物が環境、自己、あるいは両者の関係に気づくことをさす。ギブソン二作目の『生態学的知覚システム』では、知覚を「動かない」感覚受容器への受動的な入力「以降」の処理プロセスとしてではなく、独特の構造をもつ地上環境において、動物のまわりをとりまく情報にアンテナを向けてそれに同調するという、動物がまるごと参与する「活動」として位置づける。

環境のあらゆる観察点をとりまく光や振動のエネルギー配列の場が存在し、なおかつ、その中をわたしたち動物がみずから動くとき、そこには動きにともなうエネルギー配列の構造の変化が常に存在する。このことはすなわち、見たり、聴いたり、嗅いだりする動物の知覚の第一の直接与件が、みずから動く動物をとりまくエネルギー配列構造の「集合」であり、そもそも固定した「視点」を越え出ていることを意味している。

『生態学的知覚システム』の中で、ギブソンはそれまで誰もなしえなかった仕方で、「視点を越えた、そこにあるもの」の知覚を説明しようとする。従来の知覚論と根底から異なる内容のためか、刊行当時、『生態学的知覚システム』はすんなりとは学界に受け入れられなかった。ギブソンの主張にはさまざまな批判が向けられ、その中には、明らかな誤解にもとづくものも散見された（このあたりの事情は『生態学的視覚論』に詳しい）。出版後五十年を経た二十一世紀になって、ようやく『生態学的知覚システム』の意義を冷静に評価する素地が整いつつあると言ってよい。

なお、二〇一一年には、『生態学的知覚システム』の日本語訳が出版された。

I部　ギブソン――知覚システム論を読む

二〇一二年七月七日土曜日の夕方、北海道の公立はこだて未来大学にて、日本生態心理学会第四回大会のプログラムのひとつとして、「ギブソン六六を読む」と題するシンポジウムが行われた。本章は、ギブソンの一九六六年の著作『生態学的知覚システム』について四名が話しあった同シンポジウムの記録である。

はじめに

佐々木正人

はじめに、シンポジウムの企画趣旨を述べます。二〇一一年春に、ギブソンの二つ目の著作『生態学的知覚システム』(以下、簡略して六六とします)が翻訳公刊されました。今日はこの本を三名の方に論じてもらおうという試みです。まず少しこの本を振り返っておきます。ジェームズ・ギブソンの妻で発達心理学者のエレノア・ギブソンが夫の研究を軸として二人の生活と生涯を想起して九〇歳を超えた晩年に書いた伝記『アフォーダンスの発見』(岩波書店)がありま す。とても読み応えのある生態心理学誕生のドキュメンタリーですが、そこには六六の出版前後のことが以下のように書かれています。

ジェームズも国立健康研究所(NIH)が彼のためにコーネル大学に研究費を授与したので、日常の教育の義務から解放された。楽しく非常に有意義な一年を費やして、本を書き上げた(現実には大部分がそれまでの書き直しだった)。

その新しい本は、『知覚システムとしての感覚』というタイトルで、一九六六年にようやく出版された。この知覚システムについての本では、感覚作用を知覚の基礎とする古い教義が棄てられている。彼は述べている。

「私たちは外的感覚を受動的ではなく能動的なものとして、経路ではなくシステムとして、互いに排除し合うものではなく相関するものとして、新たに捉え直さなければならない。もしそれが単に感覚作用を生じさせるだけではなく、情報をピックアップする機能もあるなら、この機能を別の用語で表さなければならない。ここではそれを知覚システムと呼ぶことにしよう（Gibson, 1966, p.47）。」

……今世紀の心理物理学の第一人者であるボーリングは、本を見て、ジェームズに手紙を書いた。

「この本にとても興味を持ちました。これが極めて素晴らしい本で、明晰な本だと分かるのに、三分とかかりませんでした。あなたの前の著書は知覚の現象学のパラダイムにのっていますが、それと同じように、この本は良質で生物学に裏付けられた機能心理学のパラダイムにしっかり依拠した本です」。ボーリングは賞賛した。ジェームズは出版社に本を送るとすぐに知覚についてさらに思索し、もはや知覚を刺激作用との対応問題としてではなく、世界の出来事や事物と知覚者との関係の探求として捉えようとした。他のことを深く考え始める前に、まずは次の本のアイディアが彼にもたらされた（Gibson, 2002　邦訳一二七—一二九頁)。

六六の出版当時のギブソン周囲の様子が伝わります。六六自体に話を移しますと、この本の冒頭には、アリストテレスにはじまる五つのエピグラフがあることが目を引きます。その三番目に、ヨハネス・ミューラー『生理学提要』から以下の一文があります。

私たちの感覚の媒体を通して、感覚器官が知覚することとは、実は単に私たちの神経の状態特性や変化である。ただし想像力と推理が神経状態の変形から外的な物体の特性について解釈しようと待機している (Gibson, 1966　邦訳 vii 頁)。

心理学ではよく知られている「特殊神経エネルギー仮説」です。六六の中で、ギブソンはこの仮説への批判を繰り返しています。

シェリントンの時代には、感覚には数に限度があり、個々の感覚はそれぞれ対応する感覚神経を興奮させる専用の受容器をもつという考え方が当然とされていた。それは、感覚神経のインパルスから特定することができるのは、受容器を興奮させた刺激ではなく、刺激によって興奮した受容器だけであるという教義が受け入れられていたからである。これは、神経に特殊な感覚的質、あるいは、「特殊神経エネルギー」の教義として、ヨハネス・ミューラーが随分前に定式化したものである（Gibson, 1966　邦訳四〇頁）。

その法則は、個別の自覚的意識の質（conscious qualities）が異なる感覚神経束に対応すると主張し、自覚される感覚の質（conscious sensory qualities）が意識（awareness）すべての基礎であることを当然としてきた。さらに、ヘルムホルツが拡張したように、その法則は、個別の感覚が神経束の中の各ニューロンにそれぞれ対応し、それが意識（awareness）の根本的要素であると主張している。これは、動物や人が、外の世界の特徴ではなく、自身の神経やニューロンの質しか知らないことを意味しており、ごく最近まで、いかなる知覚理論も論破できない基礎とされてきた。しかしながら、異なる受容器が異なる外界の刺激に特殊化していると考えると、動物や人はおそらく不完全なかたちでしか世界を知ることができないことになってしまう。

ヒトの観察者が、何らかの方法で内省するとき、刺激された神経束の質を知ることができるというのは正しい（もっとも、どのニューロンが刺激されたのかを意識（aware）できるかどうかは非常に疑わしい）。しかし、このことが環境の意識（awareness）としての知覚と関係する必要はない（Gibson, 1966　邦訳六五―六六頁）。

厳しい批判です。六六というプロジェクトが、ドイツ十九世紀生理学の巨人だったミューラーの伝統、それを母体とした心理（精神）物理学に反駁して構想されたことは明らかだろうと思います。ギブソンが視覚を考える際に、理論的なライバルにしたヘルムホルツはミューラーの直弟子で、ヴントもミューラーの学生でした。二十世紀になって、生理学にとどまらず、人間についての諸学の確たる土台となった「感覚論」、その後の心理学の潮流、それに強く反対するために六六は準備されたわけです。心理学の真ん中で用意された心理学変革の本というわけです。

そのことは誰でもわかるとして、しかし六六が対案としてオリジナルに示している「知覚システム」がどんなものなのか、わかりやすくはないと思います。

生態心理学会の皆さんはすでによく味わっているように、ギブソンの著作はどれも容易に理解の及ぶ内容ではないのです。他の二著に比べて、とくに六六だけがわかりにくいということではありません。ようするに三つの著作のわかりにくさは異なるようです。ただし、これも読みすすめることに時間と努力のいる七九（『生態学的知覚論』Gibson, 1979）の場合は、読めば読むほど何かから放たれるような軽い感覚がもたらされるところがあります。一方、今日の話題の六六は、変な言い方ですが、本の半身が心理学に埋まっている感じで、わたしたち読者の息をやや苦しくするところがあります。

それは六六がすべての感覚を問題にして、それらを等密度で考えようとした、その緊張感のせいだけではないと思います。六六は本として、かなり長い思考の凝縮です。歴史的には「システムを意図に埋め込んだ」力わざだろうと思います。そこから十数年後に、七九があらわれでることができた。ギブソンの思索は、長生きだったので、さいわいそこまでいって一つの完結をみました。

ギブソンでは、年とともに思考が深まるということが実現したわけですが、六六の、既成の心理学から離れる力と、まったく新しい考えを推し進める力は、おそらく相補的で、この本の根本的な複雑さなのだろうと考えます。だから六六の示した知覚についての考察の示す史的な分岐がどのようなことなのかはわかりにくいことになっているのかもしれません。

さて、このシンポジウム「ギブソン六六を読む」では、この仕事が包み込んでいるいろいろなことを思い切って話題にしてみたいと思います。

これから三名の方には、ダーウィン、ベルンシュタイン、そして二十世紀哲学の流れなどの歴史や今日の観点に六六を位置づけることで、この書物が入れ子化している思考を広く深く明らかにしていただけるはずです。さらにフロアからの参加もいただいて議論をしたいと思います。

では、野中さん、染谷さん、細田さんの順でご発言をお願いします。

1　ふるまいが向かう先にあるもの

野中哲士

一九六六年にはふたつの事件がありました。ひとつはアメリカの知覚心理学者、ギブソンによる『生態学的知覚システム』(Gibson, 1966) の出版、もうひとつはロシアの運動生理学者ニコライ・A・ベルンシュタイン (Bernstein, N. A.) の死です。

ギブソンは一九〇四年、ベルンシュタインは一八九六年に、それぞれ海を隔てた異なる大陸に生まれて、一方は知覚の心理学、他方は運動の生理学というまったく異なるフィールドで、それぞれ独自にオリジナルな研究を展開しました。少なくとも半世紀は地球上に二人がいた期間は重なっているわけですが、とくにふたりが接触したという話もなく、それぞれの論文のなかでお互いの名前が言及されたこともありません。ロシア語とドイツ語で書かれていたベルンシュタインの論文がまとまって英訳されたのは、死の翌年の一九六七年のことですから、ベルンシュタインが亡くなる以前に、おそらく二人はお互いのことをまったく知り得なかっただろうと思います。

しかしながら、これから具体的に見ていくことになりますが、反応から能動へ、機械から有機的組織へという身体運動システムをめぐるベルンシュタインの議論は、ギブソンが『生態学的知覚システム』で展開した議論と、偶然とは思えないような符合を見せます。さらに、『生態学的知覚システム』が一九六六年に、同年に世を去ったベルンシュタインの『協調と動きの秩序形成』(Bernstein, 1967) の英訳が翌一九六七年にと、ふたりの著作は立て続けに英語で出版されます。ふたりがそれぞれ展開した新しいアイデアは、ほぼ時をおなじくして英語圏の読者の目に触れる機会を得ることになったわけです。そのせいもあってか、独立して起こったふたつの波は、ふたりのあずかり知らぬところで、出会い、共振しあって後世の知覚、行為、運動の研究に大きなうねりを形成していくことになりました。

ここでは、現代の知覚と行為の研究と一九六六年のギブソンとベルンシュタインをむすぶ複雑にからみあった網の目のなかから、とくにふたつの問いについてとりあげてみたいと思います。まず、(一) わたしたち動物の行為がどこに生まれるのかという、「行為のありか」をめぐる問い。次に、(二) 行為が向かう対象や、みずからのふるまいについて知るための情報はどこにあるのかという、「情報のありか」をめぐる問いです。

これらの問いに、ベルンシュタインを中心として、ギブソン、現代の研究がそれぞれどうかかわってくるのかを、多少なりとも解きほぐすことができればと思っています。

はじめに、ふたりの言葉を引用してみます。

感覚器官が刺激された結果として生じる感覚に知覚が依存しないのとおなじように、身体の動きをともなう行為は特定の筋肉に依存するものではない（Gibson, 1966, p.57　発話者による訳の場合は原著の頁を示す。以下同じ）。

身体の動きをともなう行為の秩序を決定するのは、「運動指令」ではあり得ない。というのも、運動指令は少なくとも他のふたつの独立した力（反力と外力）が関与するシステムへと出力され、またそれは剛体ではない筋肉を介して作用するからである……一方で、行為の秩序を決定するのは、感覚器官への入力信号でもあり得ない。というのもそれは、……「何がなされるべきか」についての情報を含まないからである（Bernstein, 1967, p.147）。

右のふたりの主張は、よく似ています。しかしこれらは、それぞれ独立になされた主張で、背景にはそれぞれの論拠があります。ここではベルンシュタインの論拠を軸に見ていきたいと思います。

行為のありか

ベルンシュタインは、筋肉に神経系を介して伝わる「運動指令」と、その結果として生じる身体の運動との関係について厳密に調べて、「運動の多義性」と呼ばれる問題を提起しました。その議論は、おおむね次のようなものでした（Bernstein, 1967）。

仮に、ひとつの体肢をひとつの軸まわりに動かすひとつの筋肉が重力下にあって、それが神経からの信号を受けとって収縮し、力を発揮するとします。筋肉は、引っ張られると戻ろうとするエネルギーを貯えながら変形する「弾性」と呼ばれる性質をもっています。このような筋肉が引っ張ることのできる力は、その時点でどのくらい筋が伸びているかに依存します。また、筋肉が引っ張る力は、長さだけではなく、筋肉が収縮する速度にも影響を受けます。

ひとまず筋肉と骨を結ぶ腱が伸びないものとすると、ある時点の筋の長さとその収縮の速度は、そのときどきの関節の角度と動きを反映しますので、仮に外力がまったくなく、ひとつの筋肉がひとつの回転軸をもつ関節をまたがって貼りついているというきわめて単純化された仮想状況でも、筋肉が発揮する張力は、運動指令だけではなく、少なくとも、そのときの関節の角度および動きを加えた三つの変数の関数となります。つまり、筋肉が発揮する張力は、すでに神経から筋肉に伝わる信号と一対一では対応しません。

筋肉が骨を引っ張る力は関節の動きそのものではありません。関節の動きの変化は筋が引っ張る力と比例しますが、同時にその関節まわりの体肢の慣性モーメント、すなわち回転に対する抵抗に反比例します。たとえば手に何かをもったり、手足の姿勢がちょっと動くことで、関節まわりの慣性モーメントは刻々と変化します。さらに、関節を動かす力は、筋肉が引っ張る力の大きさだけではなくて、回転軸から筋肉の走行ラインまでの距離にも依存します。関節が動くとき、筋肉と回転軸との配置関係は刻々と変化し、筋肉が引っ張る力がたとえまったく同じであったとしても、関節の動きは変化してしまうという事態が生じます。

ここではじめて、外力のひとつである重力を考慮にくわえてみます。たとえば腕を挙げるときと下ろすときでは重力の影響が異なるように、関節にはたらく重力の影響はそのときの姿勢に依存します。さらに外力は重力のみではなく、体の動きには摩擦力やその他のさまざまな外力がはたらき、そのすべてを事前に知ることは不可能になります。

さて、現実には関節をある方向に動かすのはひとつの筋肉ではなく、複数の筋肉からなる筋群であって、その中には二つの関節にまたがって貼りついている筋もあります。ですので、実際に環境内で現れる身体の動きには、おなじ関節にかかる他の筋肉の状態ばかりか、全身の姿勢や動き、それによって予測不可能に変化する外力など、無数の要因が影響します。そのときどきの初期状態のちがいと、予測不可能な外力の存在のために、神経系を介して筋肉に伝わる同一の運動指令が、状況によってはまったく異なるからだの動きを生じさせたり、まったく異なる運動指令が同一の動きを生むことになります。

近年、わたしたちの随意運動は、まず（一）身体の動きが決められ、それをもとに（二）各関節で出す力が脳内の計算によって求められ、（三）脳内のモデルによる予測と修正を経てつくられた運動指令が、（四）脊髄を介して筋肉に伝わることによって支配されると言われています。この見解にもとづくと、わたしたちの身体の運動は、運動指令を出すまでの内的な活動によって生じた決定を実行した結果となります。すなわち、「行為はどこにおけるものか」という冒頭の問いに対して、それは「運動指令を出力するまで」のプロセスにあると、この見解は答えます。

しかし、ベルンシュタインが見たように、からだの動きは、しばしば事前に知り得ない、その時々に特有の無数の変数群に依存します。しかも、わたしたちのふるまいは、常に連続していて、仮にこれらの変数群がある時点で一挙に与えられ、それらをもとにした計算や修正が内部でなされたとしても、その結果が出力されて終わるようなプロセスではありません。

ベルンシュタインが数学的な検討によってたどりついた結論は、神経系を伝わる運動「指令」自体は、その由来を問わず、けっして環境内での身体の運動を「支配」できないというものでした。別の言い方をすれば、ベルンシュタインが示したのは、行為を周囲の環境から切り離したところに格納すると、環境内における身体の運動はたちまち秩序を失うというパラドクスです。

ベルンシュタインは研究者としてのキャリアをスタートした一九二〇年代初頭、中央労働研究所というところに勤務して、いろいろな職人や労働者の技能について研究していました。そこで彼は、あることに気づきます。

ハンマーで壁に釘を打ったり、靴ひもを結んだり、鉛筆を削ったり、肉を刻んだり、何回か続けざまにやってみて、自分で観察してみるといい。一連の動作が毎回まったく同じということは決してないが、毎回同じ目的を達成している（Bernstein, 2006, p.96）。

たとえば、ハンマーを使う職人の運動について、ハンマーの打撃点の変動がそれに関与する関節群の位置の変動より常に小さいことを、ベルンシュタインは実際に確かめています。職人の運動においては、それぞれの関節における変動が、加算されて末端で大きくなるのではなくて、逆に末端で小さくなっている。このような事実について、ベルンシュタインは次のように述べています。「運動は微小な変化に対して、しばしば時間的、空間的に非常に離れた一連の他の要素の変化をもって応答し、近接する要素にはまったく影響を与えなかったりする。運動は細部の連鎖ではなくて、構造としてひとまとまりなのであり、同時に要素間の高度な分化を見せ、またその要素間の関係はさまざまに異なるのである（Bernstein, 1967, p.69）。」

右のような事実は、「行為はどこにおけるものか」を「運動指令の出力まで」と見なす解釈には反します。というのも、もし行為が運動のデザインなのであれば、ある「理想とする」運動のパターンにノイズが載ったような構造が、運動に現れるはずだからです。しかし、ハンマーを使う職人においては、それだけでは説明がつかないような、各部位におけるばらつきを相殺して、環境内の対象とハンマーとが接触する打点を安定させるような部位間のカップリングが見られます。このようなことが、いかにして可能なのでしょうか。

有機的組織としての行為

このような問題が、二十世紀半ば、ベルンシュタインを囲むセミナーでは議論されていたようです。このセミナーの常連には、二十世紀を代表する数学者のひとりであるイズライル・ゲルファント（Gelfand, I. M.）や、物理学者のミハイル・ツェトリン（Tsetlin, M. L.）らがいました。

ベルンシュタインから大きな影響を受けたゲルファントとツェトリンは、「厳密な形式化とはほど遠いけれども」と断ったうえで、環境との接触がもたらす結果に向けて、複数の要素が融通無碍に役割を変化させつつ不可分のまとまりとしてふるまうシステムがあるとしたら、このような特徴を示すのではないかというひとつの案を提示しています（Gelfand & Tsetlin, 1971）。それは、最小相互作用の原理とゲルファントとツェトリンが呼ぶものです。

最小相互作用の原理（principle of least interaction）」とわたしたちが呼ぶ視点は、多くの自由度をもつ、階層的な調整のシステムを、それを構成する自律的な下位システムの群れとして検討するものだ。これらの下位システムのそれぞれが、「周囲の媒質」との間の「相互作用」を最小化しようとする。それぞれの下位システムの周囲の媒質とは、システム全体と、他の下位システムからなる。多くの自由度をもつ調整システム群は、このような一連の下位システムの群れを含む、複数の階層からなる（Gelfand et al., 1971, p.330）。

この原理には次の前提があります。（一）多数の自律的な下位システム群からなっている。（二）それぞれの下位システムは、他の下位システム群の挙動が反映する、環境における目的達成までの近さを知ることができる。（三）（制御できない要因がありつつも）目的達成までの近さに影響するようななんらかのパラメータが各下位システムの挙動の影響下にあり、各下位システムは当のパラメータをそれぞれの仕方で自律的に調整することができる、ということです。

このような前提を満たすとき、各下位システムは望ましい結果をもたらすように環境との関係をそれぞれの仕方で常に調整することになり、一方で他の下位システム群の挙動は、環境とみずからの関係の変化として現れます。そのため、下位システム群同士が直接交通する必要はなくなり、それぞれが周囲の環境との関係を調整することで、そのふるまいに他の下位システム群の挙動を反映させる結果になります。こうして、多数の下位システムからなる全体のシステムの自由度の大きさが、各要素が解く問題の複雑さに結びつかないような組織が生まれます。「行為はどこに？」という問いに対して、ゲルファントとツェトリンは「すべての要素において、行為は自身が要素となるシステム全体とその環境との関係の調整におけるものである」と答えます。

なぜこれが「最小相互作用の原理」と呼ばれるかというと、（一）各下位システムが、他の下位システム群の挙動を反映する環境との関係を調整することによって、下位システム同士が交通する必要がなくなり、さらに（二）ある下位システムの挙動の変化が全体の合目的的な関係に及ぼす影響は、他の下位システム群の挙動の変化によって自律的に補正される結果となり、下位システムの挙動に対してそれが部分をなす全体のシステムが介入する必要がなくなるためです。

ギブソンの六六年の著作の中には、魚や鳥における移動の制御について述べた、次のような記述があります。「水の流れや風の中で流されないように漂っておくには、光学的配列の流動をなくすようにすればいい。……獲物、異性、巣等々に近づくためには、それらに対応する光の配列が拡大するように、移動に関与する筋群を動かせばいい（Gibson, 1966, pp.161–162）」。環境との合目的的な関係を知らせるような、周囲の媒質に現れる情報に対して、下位システム群の活動が自律的に調整されるということのギブソンの考えは、ゲルファントとツェトリンが提案した右のモデルと非常によく似ています。

もうひとつ、ゲルファントのアイデアに「多の原理（principle of abundance）」と呼ばれるものがあります（Gelfand & Latash, 1998）。これは、ひとことで言ってしまうと、「冗長性をもつような、複数の下位システムからなる組織があったとき、冗長な要素を含む各要素が、自身が部分をなす全体のゴールに向けて仕事を見つけるかたちで全体のふるまいが組織される」というものです。

たとえば、夫婦というユニットが洗濯というゴールを達成するとき、ふたりで一緒にすることもできますが、一方が風邪で寝込んだときに、他方がひとりで行うこともできます。さらに、別の仕事が重なったとき、たとえば、子どもがいる休日で、子守をしなければならなくなったとき、洗濯と子守を分担してすることができます。多の原理でふるまう組織は、エラーに強く、なすべきことが複数重なったときに、柔軟に組織を変えることができるわけです。

わたしたちの身体は、多くの仕方で動かすことができる膨大な可能性をもっています。独立して動かせる変数の数、つまり、からだの配置関係を指定するのに必要な独立変数の最小の数のことを、一般に運動の自由度と呼びます。なすべきことに対して自由度が多いということは、おなじことが異なる仕方で達成できるということですので、動き方がひとつに定まらないことを意味します。このことは、運動のコントロールには大きな問題ももたらすものとされ、「自由度問題」と呼ばれてきました。

しかし、ゲルファントの「多の原理」にもとづいてふるまう組織においては、システムが多くの自由度をもち、なすべきことに対して冗長な可能性をもつことは「問題」ではなく、もっぱら

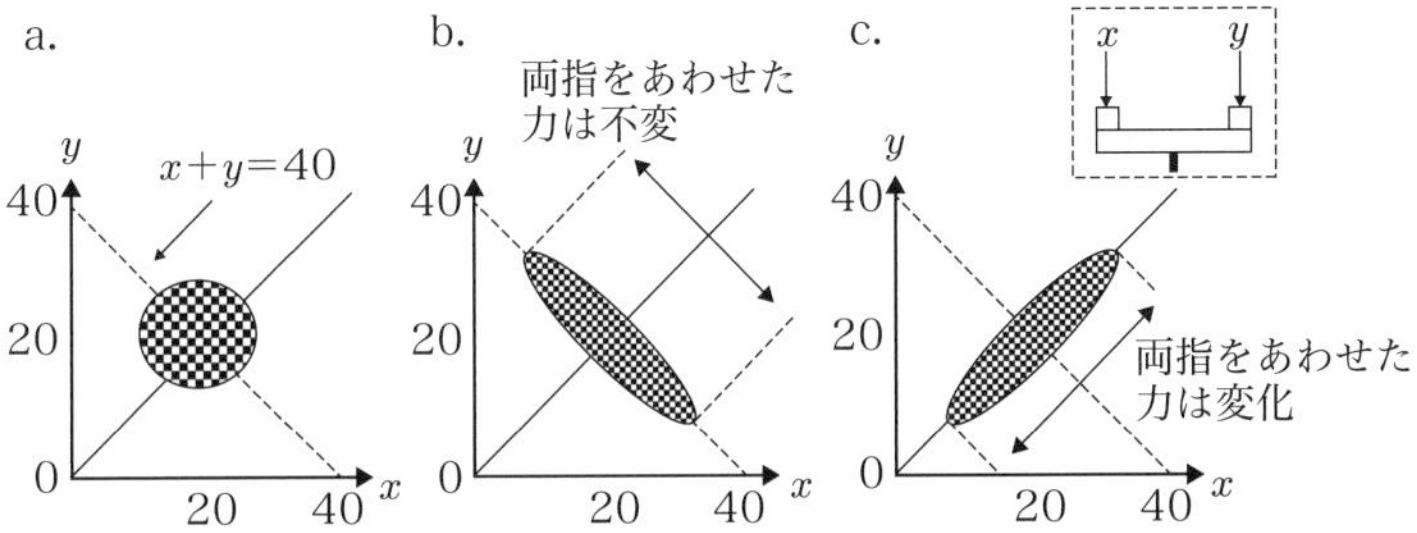

図1-1　2本の指で何回もボタンを押したときに各指が出す力の分布の3つの例。a. 両指の間の一定の協調パターンのまわりにデータが分布する例。b. $x+y=40$の直線上に分布するデータ例。ここでは、両指の一定の関係を保つのではなく、両指をあわせた力が不変になるようにデータが分布している。c. $x+y=40$と直交する直線上にデータが分布する例。この方向のデータがばらつくと、両指をあわせた力は変動する（Latash, 2008より）

「恩恵」となるわけです（Latash, 2008）。

ゲルファントのアイデアをもとに、「なすべきこと」を達成する柔軟な組織の構造について、定量的に検討する方法が近年提案され、その方法を応用した一群の研究が現れています。グレゴール・ショーナー（Schöner, G.）という物理学出身の運動学者が、一九九五年に国際学術雑誌の *Ecological Psychology* 誌に発表したその方法は、UCM（Uncontrolled Manifold）解析と呼ばれています（Schöner, 1995）。

これがどういうものかを説明するために、非常に単純化した例をあげてみましょう。たとえば二本の指で四〇ニュートンの力で何かを押すことを百回くりかえしたとします。そして、二本の指のそれぞれ一方の指が押す力をxとyとして、平面上であらわしてみます。このとき、$x+y=40$という直線上にあるかぎりは、二つの指が出す力の組み合わせがどのように変動したとしても、二本の指で出す力は常に四〇ニュートンになります（図1-1b）。したがって、あたりまえですが、この直線上においては、それぞれの指が押す力がいくらばらついたとしても四〇ニュートンの力で押すという「なされるべきこと」はいつも安定して達成されることになります。しかし、この直線と直交する方向に二本の指が出す力の組み合わせがばらついてしまうと、もちろん、二本の指で出す力は四〇ニュートンからは逸脱してしまいます（図1-1c）。したがって、この方向へのばらつきは、「なされるべきこと」の遂行を不安定化させるようなばらつきとなります。

右の例では、「なされるべきこと」に影響を与えないような自由度の組み合わせは、二次元の自由度をもつ状態空間上の連続的な一群の点からなっています。もっと自由度が多い場合でも、一群の自由度と「なされるべきこと」の関係がわかれば、一般的に、「なされるべきこと」に影響を与えないような状態空間上の連続的な一群の点からなる多様体が定められます。この一群の点の上にありさえすれば、どのように動いても「なされるべきこと」は保たれ、コントロールされる必要がないことから、これは「コントロールされない多様体（Uncontrolled Manifold）」、英語の頭文字をとって「ＵＣＭ」と呼ばれるのです。

もし仮に、わたしたちのふるまいにおいて、「運動のかたち」自体がデザインされているのであれば、各関節の角度を状態変数とする状態空間において、ある理想の運動の軌道を中心として、その周囲にノイズが分布するといったばらつきの構造が現れるはずです。先の例で言えば、たとえば、それぞれの指が二〇ニュートンの力を出すように運動が調整されている場合、何度も二本の指で押したときのそれぞれの指が出す力のばらつきは、x、y平面上の点（20, 20）の周囲に円形に分布するようなかたちになるはずです（図1-1a）。

これとは対照的に、もしわたしたちが調整しているのが「運動のかたち」そのものではなくて、なんらかの機能をもたらすような「環境に対してなされるべき関係」であるならば、状態空間内での軌道のばらつきは、無方向なノイズのようなかたちではなく、そのときどきに要求される一群の環境との関係を安定化させるかたちで、互いの変動を相殺しあう構造を示すと考えられます（図1-1b）。つまり「なされるべきこと」に影響を与えないようなばらつき（右の例で言えば、$x+y=40$に沿ったばらつき）が、「なされるべきこと」を不安定化するばらつき（$x+y=40$に直交する方向へのばらつき）よりも多くなると予想されます。

このようにしてみると、UCM解析は下位要素群のばらつきの分布の構造に「行為はどこにおけるものか？」を見る手法であるといってもいいかと思います。

「際」で起こること

実際にこのようにして「行為のありか」を検討した事例をひとつ報告したいと思います（Non-

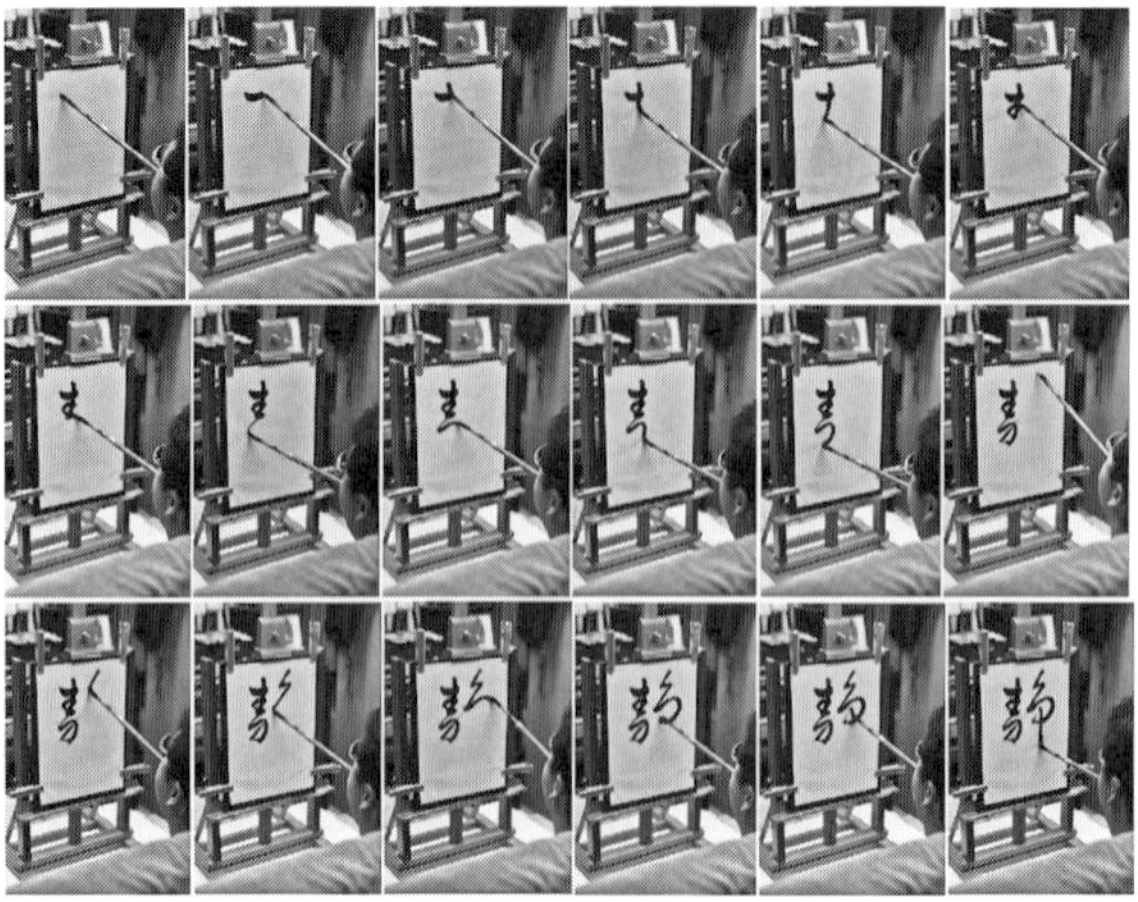

図1-2　口にくわえた筆で「静」と書く牧野さん（Nonaka, 2013より）

aka, 2013)。

岡山県の倉敷市に住んでいる牧野文幸さんという画家／書家の方がいます。牧野さんは第四頸椎損傷で四肢麻痺の後遺症をもっているのですが、手ではなく、口で筆を加えて、書や絵を二五年以上にわたってずっと書きつづけていて、書道師範免状をもち、リヒテンシュタインを本拠とする「口と足で描く芸術家協会」を通じて作品を発表しています。

牧野さんは、あたかも手をあやつるように、口にくわえた筆で紙面との間に独特の関係を形成していきます（図1-2）。わたしは牧野さんにお願いして、彼に選んでもらった「静」という字を草書で何回も書いてもらい、そのときの運動を計測させてもらいました。本来、頸椎はとても柔軟に動くのですが、ここでは簡略化して、頭部が頸部に対してなす三つの角度（オイラー角）と、頸部が胸郭に対してなす三つの角度という六つの変数の変化として、牧野さんの運動を表してみました。草書の「静」という字はとても複雑ですので、筆の軌道の中できちんと定義できる二三のランドマークを定めて、筆がそのポイントを通過する時点に、これらの六つの角度がどのような組み合わせになっているのかを算出することにしました。

実際に計測してみると、同じ字を書いているのにもかかわらず、牧野さんの動きは毎回まったく同じではなくて、二三の筆の通過点における六つの角度にはずいぶんと試行間のばらつきがありました。そこで、牧野さんの動きの試行間のばらつきが、書字のそのときどきの局面において「なされるべきこと」を特定するような構造を示すのではないかと思い、ばらつきの構造を検討することにしました。

仮説として、（一）紙に対して筆尖が加える圧力、（二）紙面に対して筆管がなす角度、（三）前額面（前から見た面）において重力方向に対して頭部がなす角度、という三つの関係を、コントロールされている可能性がある「なされるべきこと」の候補としてとりあえず仮定しました。そして、「静」という字を書く筆が通る二三の通過点において、これらの「なされるべきこと」の候補となる変数と、身体の運動をあらわす変数群の試行間のばらつきとの間の関係を調べてみました。

運動の変数を六つの角度としましたので、それぞれの角度を状態変数とする六次元の関節角度空間内の点の軌跡として、牧野さんの身体運動は表すことができます。もし仮に牧野さんがおなじ字を何度も書くときの運動パターンに、たとえばイメージ通りの「原型」のようなものがある場合、二三の筆の通過点のそれぞれにおける六つの変数の試行間のばらつきは、六次元の状態空間上のある「理想の型」を反映する点のまわりにランダムに分布するノイズのような構造を示すことが予想されます。このような場合は、仮説として立てた三つの「なされるべき関係」を不変に保つようなばらつきの量と、それを揺るがすようなばらつきの量の間には、差が生じないことになります。

これとは対照的に、もし仮に牧野さんが調整しているのが「運動のかたち」そのものではなくて、書字の各局面に応じた紙面に対する筆圧や筆の角度、視界を安定させる頭部の正立といった、なんらかの「環境に対してなされるべき関係」である場合、六つの運動変数の試行間の変動は無方向なノイズのようなかたちではなく、そのときどきに要求される一群の環境との関係を安定化させるかたちで、互いの変動を相殺しあう構造を示すことが予想されます。このとき、書字の各局面において、「なされるべき関係」を不変に保つ運動変数群の試行間のばらつきの量のほうが、「なされるべき関係」を揺るがす運動変数群のばらつきの量よりも大きくなることが予想されます。これは先の二つの指で押す例で、それぞれの指が押す力が $x + y = 40$ の直線に沿っ

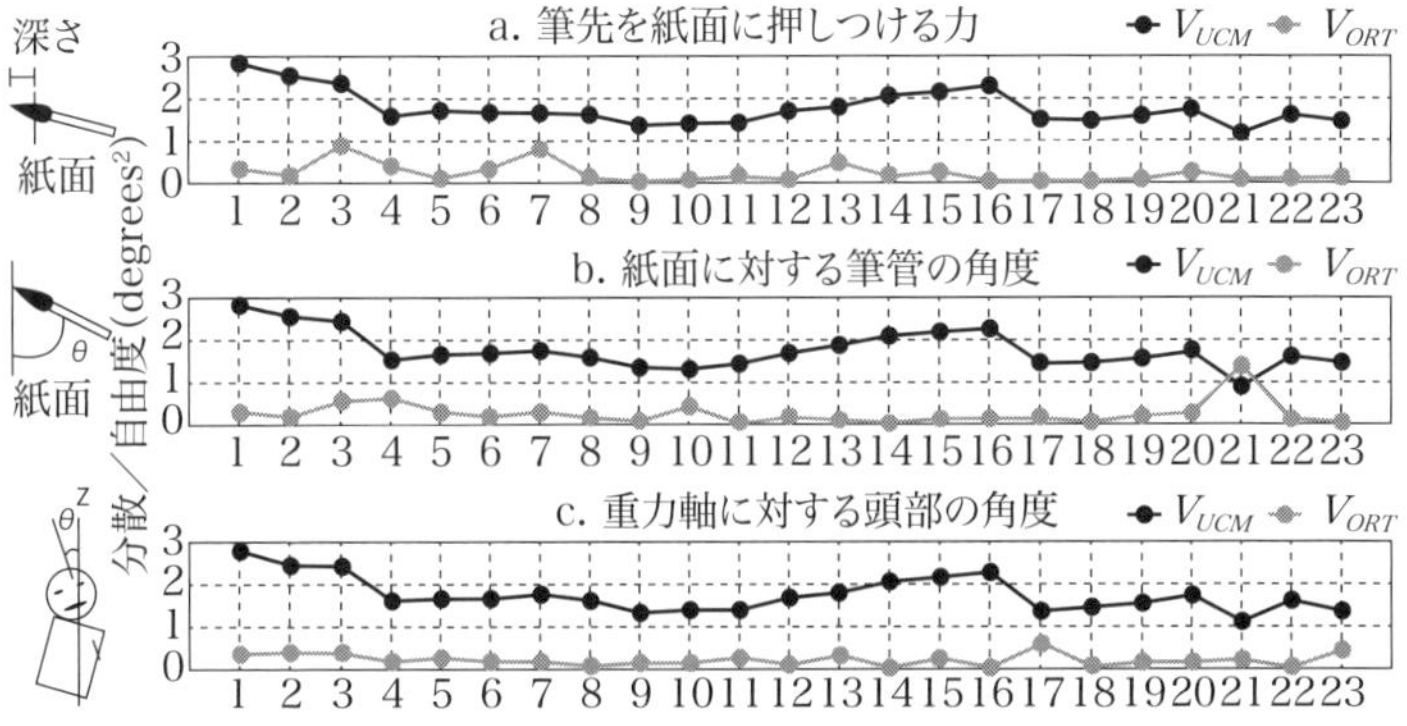

図1-3　a. 筆先を紙面に押しつける力，b. 紙面に対する筆管の角度，c. 前額面における重力軸に対する頭部の角度のそれぞれを保つからだの動きの変動量（V_{UCM}）とこれらの関係を揺るがす変動量（V_{ORT}）（Nonaka, 2013より）

て分布する場合と同じだとお考えください。

さて実際の結果を見てみます。「静」という漢字を草書で書く筆の軌跡の二三のランドマークにおきまして、筆圧、筆の角度、頭部の正立といった環境との関係に影響を与えない試行間のばらつきの量（V_{UCM}）と、これらの関係を揺るがす運動変数群のばらつきの量（V_{ORT}）を比較したところ、三つのいずれの関係においても、ほぼ常に前者が後者よりも一貫して大きくなるような、独特の構造が見られました（図1-3）。さらに驚いたことに、これらの複数の「なされるべき関係」の間では、どれかを犠牲にして他を安定化させるといったトレードオフのような関係は見られず、筆圧、筆の角度、頭部の姿勢は同時に一挙に調整されていたことが示唆されました。

さて、牧野さんの行為はどこにおけるものなのか、という問いに戻りたいと思います。検討の結果わかったのは、繰り返しておなじ文字を書く牧野さんの頭と首の運動は毎回変わるけれども、その変化は、筆圧や筆の角度、紙面を見る頭部の姿勢といった環境を組み込んだ環境—身体間システムの安定性には影響を与えていないということでした。このことは、「まずどのようにからだを動かすかが決められ、それにもとづいた運動指令が処方される」という見解とは矛盾します。

牧野さんの書字においては、「からだの動き」自体が制御されているのではなくて、書字の各局面において達成されるべき関係を満たすかたちで、からだの動きは変動していました。さらに、字を書いているときにコントロールされている環境と筆、身体とのあいだの関係は一つだけではなくて、紙面に対する筆圧や筆の角度、視界の安定といった複数の環境—身体間の関係が、それぞれが他の関係を阻害しないように入れ子化されていました。これらの結果が示唆しているのは、どうやら直接コントロールされているのは「からだの動き」ではなくて、環境と筆の先端が接触する「際」で起こっている出来事そのものだということです。

それでは、字を書く牧野さんが、外部の環境とのあいだに一群の意味のある関係を築くことを、いったい何が可能にしているのでしょうか。牧野さんのからだの動きは、みずからのふるまいと環境内で「なされるべきこと」との関係を、あたかも「知っている」かのように見えます。環境において「何がなされるべきか」をわたしたちが知り、また、みずからのふるまいが環境とどのように接触しているかを知ることを可能にする資源は、いったい何なのでしょうか。もちろん、このような資源の存在は、これまで見てきたベルンシュタインやゲルファントのアイデアにおいて、「前提」とされてきたことでもあります。

情報のありか

ギブソンの六六年の著作『生態学的知覚システム』には、この点に答える示唆があります。『生態学的知覚システム』のひとつ前の、一九五〇年の著作のなかで、ギブソンは人のふるまいの周囲にある豊かな秩序を回復すべく、「勾配」という概念を生理学から借用し、視知覚の説明にもちこみました。

「勾配」という用語は、ある軸や次元に沿ってなにかが増加したり減少するということを意味するのにすぎない。……あらゆる生体組織は「生理学的な」勾配の特徴をもつ。生物においては、頭側と尾側にかけて、背側から腹側にかけて、あるいは前後、左右などの軸に応じて、代謝や活性、成長の勾配が存在する。さて、こうした活動の勾配は、内的な要素のみに起因するとはかぎらず、生きた細胞による外的な環境への応答という側面ももっている。それぞれの細胞内の遺伝子の制約はあるものの、こうした活動は温度、光、化学的濃度、電気的活動の差異、すなわち、それらの勾配によって規定されるものである。……場というものがその勾配によって規定されるとき、知覚の（さらにはふるまいの）場に関与する刺激の勾配を分析することがおそらく重要となってくるだろう（Gibson, 1950, pp.73–75）。

この時点でギブソンが念頭においていたのは、知覚経験と対応するような網膜像の肌理の密度やその変化率の勾配でした。しかしその着想の背景には、さまざまなパターンを形成する細胞群をまるごと包み込むような、生体組織内での化学成分の濃度などの勾配というメタファーがありました。

十六年後に公刊された『知覚システム』では、網膜上の勾配は、さまざまなふるまいのパターンを形成する個体をまるごと包み込むような、網膜の外にある環境内のエネルギー配列へとひとまわり拡張した姿を見せます。「有機体に降り注ぐ光の中にある情報の事実が、動物の視覚システムが進化において適応してきた状況なのである（Gibson, 1966, p.155）。」

視知覚の基礎となる光について言えば、わたしたちが暮らす地上環境には、大小のスケールで無数のでこぼこや反射率の差異の構造をもつ環境の表面（動物の皮膚など、空気中に露出したあらゆるものを含む）と、光を透過しつつも、同時にさまざまに反射する微小な粒子を含む空気があります。光線がこれらに出会い、乱反射することによって、空気中は全方向からの光のネットワークに満たされます。光が全方向から無数に行き交うなかで、空気中のそれぞれの観察点は、周囲に在る地面や物の肌理に依存して方向によってその強度が異なるような、光の差異の構造にぐるりと包囲されることになります。わたしたちをすっぽりと包み込む光やその他のエネルギー配列の構造は、まわりを知り、まわりとの関係をわたしたちがコントロールするために利用可能な、潜在的な情報をもたらします。

ギブソンは次のように述べています。

静止した観察点を包囲する光の配列の構造にくわえて、当の観察点が可能な全方向に動いたときの光の配列の構造の変換が考慮され、また空間の秩序にくわえて時間の経過にともなう変化、あらゆる動きが考慮されるならば、これらの高次の刺激が知らせることのできるものは、まさしく無限である。それは世界と、世界の中での個体の行動についての、汲みつくしえない潜在的情報の宝庫である（Gibson, 1966, p.163）。

右は視知覚の例ですが、環境が構造化するエネルギーの場はさまざまで、ほかにも振動などありとあらゆるものがあります。「地上環境は、あらゆるレベルのサイズで構造をともなっている（Gibson, 1966, p.8）。」凸凹や硬さの勾配など、さまざまな構造をもつ表面によって、わたしたちをすっぽり包み込む空気ややわらかい身体の組織に不均質な場が生じます。無数のスケールにわたる差異の構造やそれらの組み合わせは、やがて動物によって識別され得る潜在的な可能性を有しています。

「情報はどこに?」という問いにたいして、六六年のギブソンは、「動物をとりかこみ、その内部を動物が動きまわる環境中のエネルギー配列に」と答えます。さらにこのことを根拠に、「行為はどこに?」という問いに対して、ギブソンは、無尽蔵の情報が潜在する環境と、その中を動きまわる、部分に切り分けられない動物個体との出会いにこそ、行為があると答えます。この答えは、動かず、閾値をもつ受容器への受動的な刺激を所与とする「内的な能動性」からの訣別であると言えます。

生前のギブソンと接した経験をもつ、数少ないギブソン理論の後継者のひとりであるビル・メイスはこんなことを述べています。わたしたちの知覚はつまるところ「内部」の知覚にすぎない。ただし、「内部」というのは身体の皮膚の内側という意味ではない。ましてや、中枢神経系の内部という意味ではまったくない。わたしたちが知覚する「内部」はもっともっと広い。わたしたちが知覚し、わたしたちが行為するのは、空と地面という外殻で包まれた内部であり、それは「環境」と呼ばれるのだ、と(Mace, 1977)。

わたしの発表は以上です。ありがとうございました。

2　心身能のエコロジカル・スタディーズ、ここに始まる

染谷昌義

わたしの発表の趣旨は、六六年の本がもっている哲学的意義、とくに、知覚の認識論的問題と心身問題をめぐる哲学的議論のなかでもつ意義を取り出すことです。そのために六六年が登場する前後の哲学的議論の歴史を参照しながら話をします。ギブソンは哲学者ではありません。しかし、六六年は、哲学的問題との真剣な格闘をしていたと言っても言い過ぎではないと思います。六六年の結論部は次のふたつのような感動的な言葉で締めくくられています。

知覚に過去の習慣が強く影響することも認めるし、人が――もちろん他人のことだが――愚かな羊のようにこの世界を知覚することもよくあるとも認めよう。けれども、こんなひどく俗な観察から哲学をつくるのはまちがいである。オーソドックスないくつもの知覚理論は、この誤りを助長してきた。本書の一つの目的は、そうした知覚理論を覆すことにあった。自分自身で見たいと思っているすべての人たちに本書を捧げたい（Gibson, 1966, p.321）。

「外的感覚には二重の役目がある。感じさせることと、知覚させることである」。一七八五年のトーマス・リードの主張は、今でもまったく正しい。外的な諸感覚は、「様々な感覚作用をもたらし」、また、「外的対象の概念を与える」。哲学者と心理学者は知覚にともなうこうした感じに魅了され、生理学者は感じの原因をいくつか発見した。しかし、動物や子どもや普通の人たちは、知覚するとどんな感じがするのかほとんど気にしない。感覚器官を感覚作用の経路と見なすとき、感覚器官は、不思議で興味深くなるけれど、私たちが世界と接触するための装置ではない。感覚器官に生じる印象は、知覚することに偶然ともなうのであり、知覚することを成立させるための所与ではない。感覚印象は、知覚に必要ない。これまで私たちが当然のこととしてきたように、感覚作用は、知覚の基礎ではないのである（Gibson, 1966, p.319）。

知覚の哲学の伝統には、知覚を介した外界認識の成立を、感覚や観念や印象の結合から説明する経験論的見方と、そうした素材が結合する際に知性の能動的なはたらきを追加する合理論的見方がありました。どちらも共通して、要素的感覚印象が知覚の基礎だと考えています。この伝統は知覚の心理学にも流れ込みました。哲学者や心理学者は、感覚など気にもしないで周囲を知覚している（と思い込んでいる）普通の人々を素朴で「愚かな羊」だと見なします。六六年は、哲学と心理学のこうした態度、そして近代以降の西洋哲学の根底にあった「感覚にもとづく知覚理論／知覚観」への挑戦でした。六六年のギブソンは、多くの心理学者、生理学者、そして哲学者も含めて、sensation あるいは feeling から知覚を説明しようとしている流れに逆らい、哲学の問題を真剣に引き受けています。それが随所に感じられます。

感覚にもとづく知覚論からの脱出

では、感覚を基礎にしない知覚理論とはどのようなものか？　オーソドックスな感覚にもとづく知覚理論、あるいは知覚の因果説と言っていいかもしれませんが、それを覆す道具立ては三つにまとめることができます。これらは、六六年で行われた革命です。

一．（△）環境（刺激作用源）の存在論を変える（知覚される環境の単位を変える）
二．刺激の存在論を変える
三．知覚する身体の機構を変える

一に△をつけたのは、環境の存在論は、六六年ではまだ十分ではなく、七九年においてより精緻に行われたからです。六六年では七九年で展開される「表面の幾何学」やさまざまな種類の表面レイアウトのアイデアはありません。また、六六年では、二の刺激の存在論を変えること、つまりstimulus informationという概念を導入して刺激概念にいくつかの区別を設けることが詳細に説明されていますが、この見解は一九六〇年の時点から検討され始め、「生態光学」を作り終え、六六年の本を書く時にはかなりの部分まで完成していました。六六年の本で新しい考え方として提示され、徹底的に検討されているのは三です。六六年で初めて登場し、考察されているのは「知覚する身体の機構」、知覚システムのアイデアです。

知覚の哲学には、三つの大きな問題があると考えられています。二つの認識論的問題と、一つの形而上学的問題です。認識論的問題の一つめは、実在する外界に知覚経験が本当に届いているのか、わたしたちは実在するものを知覚的に捉えることができるのかという問題です。知覚が実在を捉えているという素朴な見方を阻むのが有名な錯覚論法です。二つめが、知覚経験は命題化された概念的知識をどうやってもとづけ、正当化できるのかという問題です。感性的経験（知覚）と知性的理解（思考）とが質的に異なる認識のモードであるなら、この二つがどう相互に関係するのかが問題化されます。この後者の問題はあまり生態心理学の中では議論されていませんが、言語・記号知覚との関連で今後の考察が期待されます。第三の形而上学的問題とは心身問題であり、この問題は、心的／物的という存在の区分とそれらの関係にかかわる存在論を検討します。デカルト以来経験という、いわゆる精神活動と、身体の物質的変化・生理的変化との関係が謎だとされてきました。

この三つの問題のうち、一つめの実在の知覚認識の問題と最後の心身問題を考えるうえで六六年はどんな哲学的意義をもち、思考の方針を示しているのでしょうか？

これらの問題にアプローチするには、二つのやり方があります。一つは、既存の物理学や生理学の知見をそのまま利用し、知覚者が行っていることを非常に精妙で高度なものにするというやり方です。脳や神経の情報処理能力や知性の条件をとてもリッチなものにし、知覚する者の側に知性の負荷をかけます。もう一つは、それとは逆に、環境や刺激の存在論を豊かにし、物理学を拡張し、それと同時に知覚に際して身体が行う機能を変え、生理的機構をも拡張していくやり方です。心身問題や知覚認識の問題を考えるときに、どこに手を入れるのかによって問題の解き方は大きく変わりますが、六六年が採用しているのは、第二のやり方です。

これに対し、現在、心の哲学あるいは認知科学の哲学と呼ばれる領域では、一つめのやり方がとられることが多く、たとえば、刺激の物理学や、知覚や行動における身体機能についての見方を大きく変えることはほとんどありません。もちろんそうしたアプローチへの批判として、認知や経験の身体性を強調する「４Ｅ」アプローチというものも登場し、逆転現象も生じています。４Ｅとは embodied（身体性）、embedded（状況性）、enactive（行為性）、extended（拡張性）の四つのタームの頭文字のＥを意味します（註２）。４Ｅは、認知過程の範囲を身体や環境まで含むように広げていくリサーチプログラムで、生態学的アプローチとの親近性が主張されることも多いですが、しかし六六年を見ると4Eとのちがいも見えてきます。

知覚による実在認識の問題とさまざまな実在論

まず、知覚の認識論的問題と六六年の意義を、哲学史を踏まえて見てみます。

六六年が出る前、五〇年が出る前でもありますが、実在論を主張するギブソンにおそらく影響を与えた論争があります。一九〇〇年から一九三〇年の間に英米圏を中心に起こったリアリズム論争です。リアリズム論争というのは、アイディアリズム（観念論）を否定するさまざまな実在論的立場のあいだの論争を指し、ラッセル（Russell, B. 1872-1970）が論理学の存在論に対して説いた実在論的主張から始まると言われています。この論争のなかで扱われるリアルなもの、正しくは、存在すると言われる objects は、知覚において認識される外界の対象だけに限らず、命題や数や否定的対象（たとえば「この部屋にいない人」）や矛盾対象（たとえば「丸い四角形」）、想像したもの等、広い意味での「存在（being）」でした。これらの存在は、知覚や判断や思考といった心のはたらき、心的な作用から独立したものであると考えるのがもっとも広い意味でのリアリズムの立場で、そのなかで個別に、実在の知覚認識の問題や、物質と精神との存在区分と関係が考えられていきました。だから観念論を批判し拒否する点では同じでも、各哲学者でリアリズムに対する見解は異なり、論争が起こったわけです。リアリストは、外界の実在性を肯定しますが、それをどう知覚しているのか、経験できるのかをめぐって意見を異にします。各立場をざっと見てみましょう（以下はChisholm, 1960を参考にした）。

まず、ギブソンが師事したエドウィン・ホルト（Holt, E. 1873–1946）たちの「新実在論（new realism）」と呼ばれている立場があります。このグループは、わたしたちが知覚経験において所与する「現れ（appearance）」――視覚であれば「見え」や「眺め」を思い浮かべてもら

註2　心のはたらきを検討する態度として、認知科学や心の哲学では計算主義的・表象主義的アプローチが主流をなしていたが、この潮流への批判として二十世紀後半より登場してきたいくつかの立場を総称する名称が４Ｅである。Rowlands（2010）のなかで心についての新しい見解として４Ｅがキャッチフレーズとして提示された。４Ｅとは、①感覚知覚も含め認知現象が中枢での情報処理や表象操作に還元できない身体性を基礎としていること（embodied）、②認知現象はそれが生じる状況に埋め込まれていること（embedded）、③認知プロセスは環境内のアイテムを自らの不可欠な部分要素として含むこと（extended）、④認知は感覚—運動パタンのユニットから成り立ち、身体の運動的成分を必ず含意すること（enactive）という、四つの特徴の頭文字Eを意味する。ただし４Ｅの議論も伝統的な議論の枠組を壊しきれていない。たとえば、４Ｅのなかでもっともラディカルだとされる③の心の拡張性（extendedness）の議論は、環境の認知的リソースの存在分析や、リソースとの関係を築き上げる生物特徴の検討には向かわず、もっぱら、生物の身体外のアイテムを利用する認知プロセスと、そうしたアイテムを利用しない身体の内部だけで閉じた認知プロセスが機能的に等価と言えるのかどうかという議論に終始してしまった。そのため、認知科学や心の哲学のニューウェーブとなるかと期待した割には、たいしたブレークはなかったのではという疑問が否めない。この議論についてはMenary（2010）を参照いただきたい。

えばよいです。感覚とか観念とか印象と呼ばれることもあります——が外界のモノと同一、あるいは外界のモノの側面であると主張しました。こうすることで、ウィリアム・ジェイムズ(James, W. 1842–1910) 流の「自然な実在論 (natural realism)」——徹底的経験論が支持するリアリズム、常識的リアリズムのことです——を擁護し、それまでは心的で主観的と考えられていた「現れ」の実在性、知覚者からの独立性を強力に押し進め、知覚しているモノの実在性を守ろうとしました。新実在論者たちは、自分たちの知覚経験の理論を selective theory of perception と呼び、知覚とは、観念論のように「現れ」を主観的に create するような活動や過程ではなく、「現れ」を、体を動かし注意を向け変えて select する過程だ、と強調します。新実在論の知覚の見方は素朴実在論 (naïve realism) だと批判されましたが、知覚者は実在するものを見ているという常識的な知覚理解をかなり強く擁護したわけです。

　新実在論の挑戦を契機にして、いくつかの実在論が登場していきます。現象主義という立場、それから批判的実在論という立場です。現象主義は、外界にあるものを「現れ」からの論理的構成物と見なし、知覚（そして思考）をそのような論理的構成の過程と考えます。一時期、ラッセルが採用した立場です。批判的実在論は、アーサー・ラブジョイ (Lovejoy, A. 1873–1962) を中心に新実在論に反対した立場です。

　批判的実在論は、「現れ」だけがわれわれの所与になり、その向こう側はやはり知覚できないという一種の不可知論的立場をとります。実在する外界はわたしたちの認識から独立してはいるけれど、認識によっては真の意味では捉えられないというわけです。

さらにすごい考え方もあります。サミュエル・アレクサンダー（Alexander, S. 1859-1938）やホワイトヘッド（Whitehead, A. N. 1861-1947）という哲学者は、「現れる・appear する」ことを生物とモノとの間に限定せず、この宇宙に存在するすべての存在者たちが――ホワイトヘッドの場合は、存在するのは「物」ではなくて、アクチャル・エンティティという「出来事」になりますが――相互に相手を appear し合っているとまで主張します。モノ同士も、言ってみれば相互に知覚し合っています。実在論論争のなかで、実在の知覚認識の議論は、こういう新しい宇宙論を組み立てるところまで広がっていったわけです。

これまで見てきたように、観念論への対抗として二十世紀始めに行われたリアリズム論争は、知覚のなかで「現れる」ことの本性との格闘、「appearance 問題」をめぐって行われていたと、まとめることができます。観念論的な仕方で、主観的でメンタルな存在であると解されていた「現れ（appearance）」が、知覚認識する主観とは独立に存在するのではないかという理解に移行しつつありました。「現れ」の存在をどう考えるかをめぐって哲学的議論が展開していったと解釈できます。

刺激情報というアイデア

この論争はその後どうなったか？　残念ながら、立ち消えになります。少なくとも、議論の文脈が変わっていってしまいます。だいたい二十世紀の半ば頃までには、ヨーロッパからアメリカに亡命した多くの哲学者が依拠した論理実証主義の流れに押され、実在の知覚認識の問題は、appear という言葉を使った命題（プロトコル命題、感覚命題）と、モノの存在に言及する命題とのあいだの翻訳問題として扱われるようになってしまいます（Ayer, 1940）。「〜のように見える・感じる」のような「現れ」についての文を、或るモノがそこにあるとかこれは四角い等の、モノや性質の存在が含意される文にどうやって翻訳できるのか（あるいはその逆も）という、命題間の相互関係の問題に解消してしまい、知覚経験そのものについての議論、実在知覚をめぐる論争からは遠ざかってしまいました。この時代は「言語論的転回」と言われることもありますが、以上が一九四〇年代から六〇年代までの動きです。そしてこの時期、五〇年代を終え六〇年代、七〇年代に入ると、主に神経科学や情報科学や計算機技術の発展にともなって認知革命が生じます。いわゆる「認知論的転回」です。この時期までの心理学は、ちょうど行動主義の全盛期にあたります。

ギブソンの六六年は、哲学では言語論的転回の時期に、心理学では行動主義から認知主義への移行期に登場しています。先ほどの appearance 問題と関連させて言えば、六六年は、刺激の存在論を変更し、外界を知覚するためのインフォメーションの存在を導入し、知覚経験においてわたしたちが所与する「現れ」を外化したと考えられます。つまり、二十世紀前半の哲学的実在論の流れと繋がりながら、しかも、視覚的「現れ」を科学的に分析でき、光の理論としても通用できる生態光学を携えて登場しました。先にも述べましたが、生態光学のアイデアが練り上げられたのは六〇年代です。

六六年には、刺激作用の源と刺激そのものとの区別、それから刺激そのものが潜在的に作っている刺激情報の作用場との区別が登場します。そしてあの有名な、刺激の布置／構造が法則的に刺激作用源を「特定する」という考え方が提示されます。刺激と刺激情報、あるいは刺激作用の源と刺激作用とは、ちがうという主張です。「何かについての情報ということが意味しているのは何かを特定するということだけである。……チーズの匂いというのはチーズと同じではない。ベルの音はベルそのものではない。」けれど、ベルの音やチーズの匂いは、チーズがそこにあることや、ベルがそこにあることを特定する情報になる、という部分です（Gibson, 1966, p.187）。

生態光学にもとづく刺激情報を導入したとき、ギブソンは、物理学の理論、既存の光学を否定しているわけではありません。そうした光学を基礎にそれを拡張し、環境の事実についての情報を運ぶ光の理論、視覚にとっての有効刺激をきちんとした理解にもたらすことのできる光の理論を提案しました。ギブソンは、物理的エネルギーの差異のパタンが潜在的な情報場となって媒質中にできあがり、これが言ってみれば、わたしたちの眼がキャッチする「現れ」になると考えたわけです。物理学（光学）の拡張によって、実在論論争の焦点だった appearance の存在領域を環境の中にしっかりと位置づけたと言ってよいと思います。主観的な感覚、観念、現れを、私たちの主観領域、心的領域の外部へと出し、そして、単にそう考えられるという想定をしただけでなく、現れを光学的事象として扱える大きな一歩を踏み出した。これが六六年の革命であり、二十世紀に始まる実在論の流れとの繋がりをもった、哲学的には大きな意義のある功績です。

もう一つ、知覚する身体の機構についての革命があります。ここにはギブソンの師であるエドウィン・ホルトの大きな影響を見ることができます。そのために一九一五年の論文 “Response and Cognition” (Holt, 1915a, 1915b) の中心的な主張を見てみます。この論文は、同年刊行された “*The Freudian with and its place in ethics*” (Holt, 1915c) にも収められていますが、その前に出されました。

この論文のなかでホルトは、行動を行動たらしめる条件とは何かを問題にしながら、まず行動の二つの考察法を批判します。一つは、行動の因果論的・機械論的見方です。行動を、純粋な因果関係によって、つまり刺激に対する反応の連鎖——ホルトはそれをビーズ理論、ビーズが原因から結果にまで繋がりあっているという考え方——と見てしまうのはダメであると。もう一つは、目的論的見方であり、精神の意図や意志を持ち出し、行動が達成すべき目的によって行動を見てしまうのもダメである、ホルトはそう主張します。その代わりにホルトが主張するのは、行動の関数的・機能的（functional）な見方です。ホルトは、specific（特定的）という用語も使いながら、行動とは常に環境のある側面に対して関数的な（特定的な）仕方で関係しており、行動や反射はもともと自己の外側にあるものへの参照性（reference）をもっており、環境へのこうした特定性関係を元にして行動は個別化できるし、そうすべきなのだと主張します。この外部参照性、特定性が、行動を行動たらしめる条件です。

たとえば、ある人が私の部屋の窓のわきを歩いて通り過ぎるとします。このとき、この人は一体何をしているのでしょうか？　私の部屋のわきを歩くという行動をしているのか？　いやちがう、劇場に向かって歩いているのかもしれない。いや、そうでないかもしれない。この人はジャーナリストで、学校に行って誰かにインタビューするために部屋のわきを通り過ぎて向こうに行こうとしているのかもしれない。ホルトによれば、この人は何をしているのか、いかなる行動をしているのかは、いろいろ可能性は出てきますが、最終的にその行動を観察すれば理解できます。行動を理解するには、その行動が何に定位して行われているのか、何に特定的（specific）な仕方で体が運動しているのか、この行動が特定的になっている「何」を発見する必要があるのです。体の中で生じていることをどれだけ詳細に見ても何をしているかはわからないし、その人に尋ねて頭の中に浮かんでいる思いや気持ちを聞き出してもわからない。行動は、自らの外側にあるような出来事や対象に対して specific な、あるいは functional なかたちで必ず関係づけられている、行動を知りたければ、行動が特定的になっている環境の側面が何であるかを突き止めなければならないというわけです。

ホルトの「特定性」というアイデアは、ギブソン六六年で改良されたかたちで登場します。第一に、先にも触れましたが、〈環境の性質〉と〈刺激情報／高次変数〉との法則的特定性の関係――法則的な対応関係――です。これは「構造特定性」と呼ばれることがあります。

第二に、行為と環境の側面との特定性関係です。ホルトからの一番の影響は、こちらのほうにあります。先ほど野中さんも言っていたように、わたしたちの身体は、身体の外側にあるアフォーダンスに特定的な仕方で、言いかえれば可能なタスクに特定的な仕方で柔軟に組織化され動いています。身体の運動（行動）は、解剖学的な単位を取り出し、そこで何が起こっているかを記述しても、記述できません。行動する身体は、一定のタスクを、つまり環境の側が身体に対して機械的にではなく機能的に要請することを果たすように、そのときの身体のおかれた状況によって動作に参与する身体部分（器官、組織）を柔軟に変えながら、動作を作り出しています。環境とのエンカウンターによって姿勢と運動を機能的に調整しています。野中さんの実験結果は、そのことを示していました。身体のどの部分のどんな動きが行動を構成するのかということは、身体を構成する解剖学的単位・部品がもっている性質によってあらかじめ決められていない点に、行動する身体の固有の特徴があります。行動は、環境の機能に特定的に組織化されます。六六年で提出される知覚し行動する身体の機構（知覚システム）とは、このような「機能特定性」を特徴とします。

或る知覚装置（perceptual apparatus）の解剖学的側面は、この装置のもつ多数の側面の一つであるに過ぎない。その知覚装置は様々な機能的側面をもっている。同一の解剖学的構造体は機会が異なれば異なる仕方で用いられうる。手は、何かをつかんだり持ち運んだりするために用いることもできれば、〔対象物の表面を〕探索したり、何かを指さしたり、画像を描いたりするのに用いることもできる。これと同様に、視神経群とそれらによって内的に連結し合った両眼は様々な仕方で用いることができる。一つ一つの神経や神経細胞は、それが異なるシステムやサブシステムに組み込まれると完全にその機能を変化させる（Gibson, 1966, p.56）。

これは知覚装置の話で、刺激情報に特定的な知覚システムの特徴を述べた部分です。検出される刺激情報の複雑さに対応するように、知覚システムもより高次のものに組織化されたり低次のものに組織化されたりして変わる。知覚する身体は、検出されるべき刺激情報の複雑さに応じて検出機構に参与する器官、組織、部位を柔軟に組み換えているのです。だから、知覚する身体のふるまいは、「解剖学的な単位として切り分けられた身体のこの部分とこの部分がいつもこんなふうに参加する」と前もって言うことはできない。知覚システムは、検出される刺激情報に構造的ではなく、機能的に相関しているためです。行動・反応は環境の側面に特定的であるというホルトの考え方は、環境内の情報の種類、そして情報が特定している環境アフォーダンスの種類に応じて、身体各部、それこそ受容細胞のレベルから神経組織や筋、体の器官のレベルに至るまでが、柔軟に組織化されて動作が作られるといった考え方に、ギブソンによって洗練されていきました。

哲学的な言葉を使えば、知覚システムとしての身体は、アフォーダンスも含めた環境の事実を特定する情報をとおして、環境の事実に志向的になり、情報を検出する機能を果たすことのできる動作（探索的活動）を作り出します。だから、知覚する身体がしていることを知りたければ、何を知覚しているのか、あるいは何を構造的に特定するような情報に応じて身体の組織化が行われているのかを見なくてはなりません。生物の生きた身体には、そういう複雑さがあり、入力刺激が中枢部にて処理過程を経て運動指令が出て、それで動きが作られるといったわかりやすいメカニズムでは動いていないわけです。六六年は、知覚し行動する身体について、このような革新的な見方を提出し、身体の見方を大きく変えました。もちろん、脳や神経に想定される機能も大きく変わっています。

ギブソン六六年のセールスポイント

最後に少しだけ、現代の心の哲学との関連を見てみます。認知論的転回が起こった一九六〇年の前後一〇年、そしてその後現代に至るまで、哲学では概念的な手法を用いて心身問題の二元論を解消する試みがいくつも展開します。心脳同一説、機能主義、非法則的一元論、消去的唯物論といった物的一元論を基本にした見解です。そして、これら相異なる立場の相互批判や論争から、クオリアや現象的意識が問題化されていきました。心の哲学に携る哲学者がやっていた／いるのは、心的状態の概念と物的状態の概念の定義や必要十分条件を明らかにして、どちらがどちらに還元できるか／できないかというアプリオリな、概念的な問題との格闘です。私が思うに、心の哲学では、新実在論からギブソンに至る系譜の中で批判的に検討されていた問題群——心的状態と物的状態を区別することが妥当なのか、知覚される環境存在の分析や刺激の物理学は拡張できないのか、知覚し行動する身体にはいかなる特徴があり、それを支える機構はどんなものか——という議論は残念ながら皆無です。哲学がラディカルに思考し、環境・刺激の存在論や身体の機能を問い直すことまで踏み込んで、心身問題や実在の知覚認識の問題に取り組むとすれば、当然、ホルトやギブソンが歩んだ方向に、知覚にとって有効な刺激単位を考えるうえで既存の物理学が不十分であれば不十分な点を補足して拡張し、すでにある身体の機能についての生理学が不十分であるのならばそれを拡張し、身体の内部だけを見ていたのでは明らかにできない行動の特定性を浮き彫りにし……といった方向に突き進む必要があります。むしろそこまでするのが哲学らしさだと私は思います。

もちろん、二〇一〇年にマーク・ローランズ（Rowlands, M.）という哲学者がまとめているように、近年は心の哲学のなかでも4Eアプローチが注目され、脳から身体へ、身体から環境へと、精神現象、認知現象の考察単位をだんだんと拡張していこうとする運動もあります。しかし、4Eも、六六年のギブソンが行ったような、行動の特定性や、知覚システムの情報特定的な組織化、見られるべき環境単位の考察までは踏み込んでいません。その意味で六六年は現在でも哲学への多くの示唆と意義に富んだ仕事であり、アイデアの宝庫なのです。

六六年が心身問題に対して有する意義については触れることができませんでしたが、生態心理学の知覚と行動の見方から導かれる心身問題へのアプローチと最も親近性があるのは、はるかに時代がさかのぼりますがアリストテレスの考え方だと私は考えています。現に、アリストテレスの霊魂論を専門に研究している哲学者からもそうした指摘がなされています。

以上でおしまいです。ご清聴ありがとうございました。

3　「みずから動くもの」の科学へ――ダーウィンとギブソンの「ジャンプ」

細田直哉

進化論のチャールズ・ダーウィンと生態心理学のジェームズ・ギブソン。この二人にはある共通点があります。じつは、両者はどちらも「ジャンプ」した科学者なのです。その「ジャンプ」とは何か？　そこに注目することで、二人の科学的方法の革新性とその隠れたつながりを浮き彫りにしていきましょう（註3）。

二人はどこからどこへ向かってジャンプしたのでしょうか？

それはこれまでの「科学」のパラダイムから「新しい科学」のパラダイムへのジャンプでし

註3　「ジャンプ」とは、天動説から地動説への「コペルニクス的転回」のようなことである。じつは、天動説と地動説は同じデータをもとにしており、当時知られていた天文学上の事実は天動説でも地動説でも同じように説明できたのである。つまり、天動説から地動説への転換は「新しい事実」や天動説の「間違い」が発見されたために起こったことではない。発見されたのは「新しい見方」であった。つまり、それまでに知られていた天体の動きのデータは、地球を「動くもの」として見たほうがよりシンプルに説明できたのである（村上、一九八六、二四頁）。

ダーウィンとギブソンの革命も同様の「転回」である。つまり、それらは「既成の枠組み」の中での新発見ではなく「新しい見方」への「ジャンプ」なのである。

た。そして、その着地点にひろがっていた地平こそ、生態心理学の地平だったのです。二人がどのような「ジャンプ」を行ったのか、具体的に見ていくことにしましょう。

ダーウィンの「ジャンプ」――「みずから動くもの」の変化を捉える科学へ

まずダーウィンの「ジャンプ」です。

ダーウィンの時代、厳密な科学のモデルは物理学でした。物理学が対象とするのは「動かされるもの」です。その動きを「原因―結果」の枠組みで理解する。これが物理学の基本的方法です。

それに対して、ダーウィンが見たのは「生きもの」、つまり「みずから動くもの」の変化でした。どうすれば「みずから動くもの」の変化を科学的に捉えられるのか。彼は生涯かけてそのテーマに取り組み、その基本的方法を確立しました。

具体的に、物理学のパラダイムとダーウィン的科学のパラダイムのちがいはどこにあるのでしょうか。それぞれの基本的前提を表にまとめてみました。この比較によって、両者のちがいを浮き彫りにしていきましょう。

表1-1からわかるように、物理学の基本的なパラダイムでは、この世界のベースには「動かされて動く受動的物質」が存在します。こうした受動的物質は抽象的な座標としての時間―空間

表1-1　「物理学のパラダイム」VS.「ダーウィン的科学のパラダイム」

	物理学のパラダイム	ダーウィン的科学のパラダイム
存在するものは？	受動的物質 (動かされて動くもの)	能動的個体の群れ (みずから動くもの)
周囲にあるのは？	抽象的な時間―空間 (抽象的な座標)	生を支える環境資源 (意味と価値)
存在するとは？	座標上への受動的な位置づけ	環境資源の能動的な利用
変化とは？	座標上の位置変化	新たなシステム形成
変化の原因は？	過去の物理的衝撃	未来への能動的探索
法則とは？	神の不変のルール	各個体と環境との相互作用から動的に生成されるパターン

に位置づけられ、宇宙全体にある配置を形づくって存在しています。これが世界のもっとも基本的な事実だとされます。また、この配置はそれらの物質が受けた衝撃によって時々刻々とその位置を変えていますが、その変化は世界の外部にいる神から課された不変のルール（法則）にしたがっているとされます。これが物理学の基本的なパラダイムです。

それに対して、ダーウィン的科学のパラダイムでは、世界の基礎には「みずから動く能動的個体の群れ」が存在します。この能動的な個体群は周囲に潜在する環境資源を探索・利用しながら生きています。つまり、周囲にあるのは自己の生にとっての意味や価値です（註4）。それらとの関係を形成することが生きることなのです。要するに各個体が時間をかけて周囲を能動的に探索し、環境の資源と関係を形成することがダーウィン的科学のパラダイムのもっとも基本的な事実です。したがって、「個体群」はつねに周囲の環境と結びついた動的なシステムとして考察されます。そのシステムの「変化の法則」は環境の変化に対応して生きる各個体の生の営みの結果として現れる動的なパターンであり、個体群と環境との相互作用に先立って存在する不変のルールではありません（註5）。

ダーウィン進化論の核にある「自然選択による進化」はまさに、こうした「環境の変化に対応して生きる個体群の生の営み」が結果として生みだす「変化の法則」の一例です。

註4　ダーウィンは環境を「意味と価値」が潜在する場所として見ていた。そのことは、地球上の動植物の分布を説明するために彼が行った奇妙な実験によくあらわれている。地球上の動植物の分布を説明するとき、同時代の学者の多くは観察も検証もできない過去の時点に都合よく「陸橋をかける」方法をとったが、ダーウィンはそのような「天変地異＝神の力」を導入しなかった。ダーウィンは次のような奇妙な実験や調査を行ったのである(Darwin, 1859)。①植物の種子を海水に浮かべ、何日間浮かんでいられるか、またその後で発芽できるかどうか実験する。②植物の種子を死んだ魚の胃袋に押し込み、その魚をワシ、ペリカン、コウノトリに食べさせ、その後でそれらの鳥が吐き出した塊や、排せつした糞の中から種子を取り出し、それらが発芽するかどうか実験する。③海岸に流れ着いた流木の隙間から種子を見つけだし、それらが発芽するかどうか実験する。④渡り鳥の足に付着した泥の中から種子を見つけだし、それらが発芽するかどうか実験する。⑤流氷の上に種子が乗っているかどうか調べ、それらに発芽能力があるかどうか実験する。⑥海流の速さを調べる。⑦季節風の速さを調べる、など。

これらはどれも「種子の移動に利用できる資源」である。種子は動物ではないため、これらは、厳密に言えば、「アフォーダンス」ではない。けれども、植物の現在の分布パターンを「天変地異」のような都合よく導入される「神の力」によってではなく、種子と環境のさまざまなものごととの出会いによって現実化する多様な価値——それは現在・過去・未来の時を超えて環境に潜在する可能性である——によって説明しようとしたわけである。つまり、ダーウィンが実証しようとしたのは、環境には「種子の移動のアフォーダンス」が多数潜在しているということだ。つまり、ダーウィンにとって環境は、個体群が位置づけられるだけの抽象的な時空間などではなく、個体群の探索によってあらわになる無限の意味と価値が潜在する場所として見えていたのである。

註5　そうしたパターンのわかりやすい例は、ダーウィンが若い頃に行ったサンゴ礁の研究に見られる。サンゴ礁は大きく分けて「裾礁」「堡礁」「環礁」の三つのカテゴリーに分類されるが、サンゴ礁がその三つのカテゴリーに分類できるということを最初に提唱したのはダーウィンである。

ダーウィン以前には、サンゴ礁の奇妙な形は天変地異で説明されていた。つまり、世界の内部で現在進行中の現実の過程ではなく、世界の外部から（あたかも「神の力」のように）都合よく導入される力によって説明していたわけだ。しかし、ダーウィンは世界の外部から力を導入することなく、世界の内部で現在進行中の現実の過程だけで多様なサンゴ礁の形成を説明することに成功した。海の浅瀬で生きるサンゴの生の活動と、さまざまな証拠から判断できる島の沈降の過程、そして現実に観察できるサンゴ礁の分布とをシステム的に結びつけることによって、「裾礁」「堡礁」「環礁」という三つのカテゴリーは連続的な過程の三つの段階にすぎないことを論証したのである（詳しくは、佐々木、二〇〇八　図1-4）。

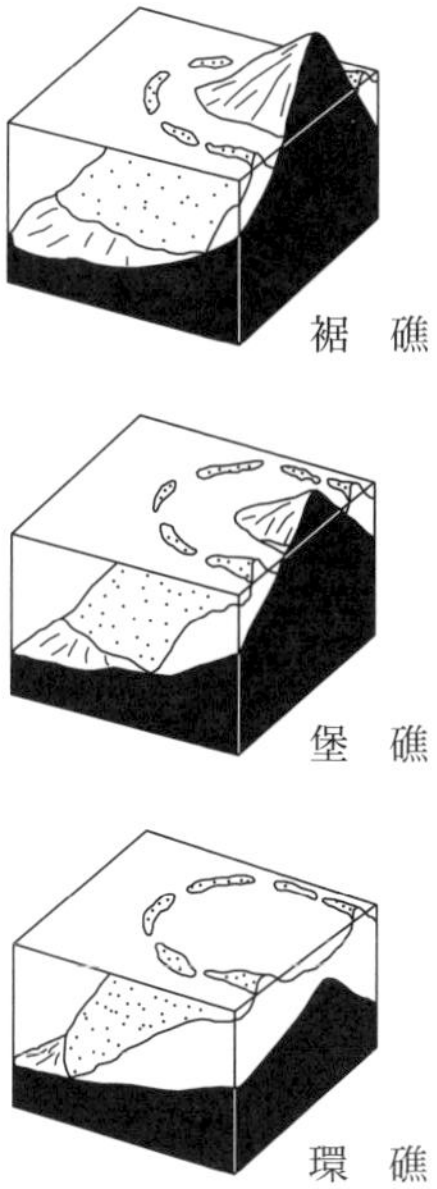

図1-4　さんご礁の発達
（佐々木，2008）

このサンゴ礁の研究には、世界の内部に観察される秩序・規則性を、世界の外部から課される「法則」としてではなく、環境の変化に対応しながら生きる個体群の生の営みが生み出すパターンとして説明するダーウィンの方法とその有効性がよく示されている。ダーウィンが考える法則（秩序・規則性）とはこのように、世界の外部から課されるものではなく、世界の内部での個体群の活動によって生成される動的なパターンなのだ。

その「自然選択」を分析的に考えると、二つの異なるメカニズムの連動によって起こることがわかります。まず、①「変異のメカニズム」が多種多様なバリエーション（変異）の群れとしての個体群を産出しています。このメカニズムによって自然選択のための「素材」が提供されます。次に、②「選択のメカニズム」が、個体群の中からその環境で生きることに有利な変異を選択します。つまりその環境で生きることに有利な変異をもった個体は生き残り、繁殖し、結果として、有利な変異がその個体群の中に蓄積されます。これが「自然選択による進化」です。二つのメカニズムはそれぞれ異なる原理で動いています。しかし両者が連動することによって、局所的な環境に適応した個体群としての種が生まれ、多様な種間の秩序が生まれ、種の変化が起こるのです。

注目すべきは、こうした「自然選択による進化」が、個体と環境との出会いの水準で起こるという事実です。もし「変異のメカニズム」だけで進化が起こるのなら、環境から切り離された生物の内的なメカニズムだけを考えればよいでしょう。しかし、もう一つの「選択のメカニズム」を考えた途端に、進化の研究は環境を含んだシステムの研究になります。「選択のメカニズム」は、個体群が環境と出会い、そこにある資源を利用する地平でこそ作動するからです。

そうだとすると、「自然選択による進化」には、行動と意識の進化という心理学的な問題が必然的に内包されます。環境の資源をより確実に利用するためには、それを探索・意識する行動の進化が必要だからです。ダーウィン自身そのことを自覚していました。そればかりか、行動と意識の進化を実験的に明らかにする多数の研究まで行っていたのです。

一八五九年に『種の起源』(Darwin, 1959) という革命的で壮大なテーマの本を書いた後、ダーウィンは植物の動き (Darwin, 1865, 1880) やミミズの行動 (Darwin, 1881) など、一見とるに足らない小さなテーマの実験研究を次々に行っています。これらは『種の起源』と無関係な研究ではありません。それどころか、むしろ『種の起源』を補完するような研究、つまり、『種の起源』のベースにある「自然選択による進化」を駆動する「行動と意識の進化」を実験的に解明しようとした研究だったのです。しかも、それが環境にある具体的な資源とセットで研究されていました。ダーウィンはまさに「生態心理学者」だったのです。

「自然選択による進化」が、そのように「行動と意識の進化」をともなうとすれば、自然選択において選択されるのは、たんなる「物理的な変異」ではありません。それは、環境の資源を利用する「知覚―行為システム」です。つまり、ダーウィンは、周囲に潜在する意味や価値と一体にシステムが実現することや、そうしたシステム間の協調や競合のプロセスを通して生成する「生きた世界」の秩序を研究していたのです。これは世界の内部に見られる秩序を、世界の外部から導入される力によって説明する物理学的パラダイムとはまったく異なる新しい世界の見方です。この新しい見方は「生態学的パラダイム」と呼べるようなものです。つまり、ダーウィンこそは最初の生態心理学者であり、「物理学的パラダイム」から「生態学的パラダイム」へとジャンプした科学者だったのです。

ダーウィンの生態心理学に足りないものがあるとすればそれは何でしょうか？　あえて言えば、それは生き物の「意識の進化」を支える「生態学的情報」についての精緻なアイデアです。そうした「生態学的情報」のアイデアが十分に展開されるには、それから百年後、ジェームズ・ギブソンの登場を待たなければなりませんでした。しかもギブソン自身、最初から「生態学的情報」のアイデアにたどりついたわけではありません。そこに行くためには、ギブソンにも思いきったジャンプが必要でした。

ギブソンの「ジャンプ」――生涯をかけた「三段跳び」

つぎに、ギブソンの「ジャンプ」です。ギブソンのジャンプは一回きりの大きな飛躍というよりも、「ホップ」「ステップ」「ジャンプ」という三段階の跳躍でした。その三段階の跳躍はギブソンが出した三冊の本に対応しています。一九五〇年の『視覚ワールドの知覚』が「ホップ」、一九六六年の『生態学的知覚システム』が「ステップ」、一九七九年の『生態学的視覚論』が「ジャンプ」です。それぞれの本質を一言でいえば、ホップは「実験室の外へ」、ステップは「人間の外へ」、ジャンプは「包囲する光の中へ」です。それぞれの跳躍を、具体的に見ていくことにしましょう。

「ホップ」――実験室の外へ

まず、「ホップ」です。この跳躍で、ギブソンは「実験室の外へ」とびだします。きっかけは、第二次世界大戦中に取り組んでいた、優秀なパイロットを育成するための訓練や検査の開発でした。その仕事に、距離や奥行の知覚について の従来の心理学の成果を応用してみた結果、まったく役に立たないことがわかったのです。戦争が終わる頃、彼はその方法に見切りをつけ、「実験室の外へ」とホップします。つまり、人間のありのままの視覚を研究するには、実験は屋外で自然環境の中にある刺激を

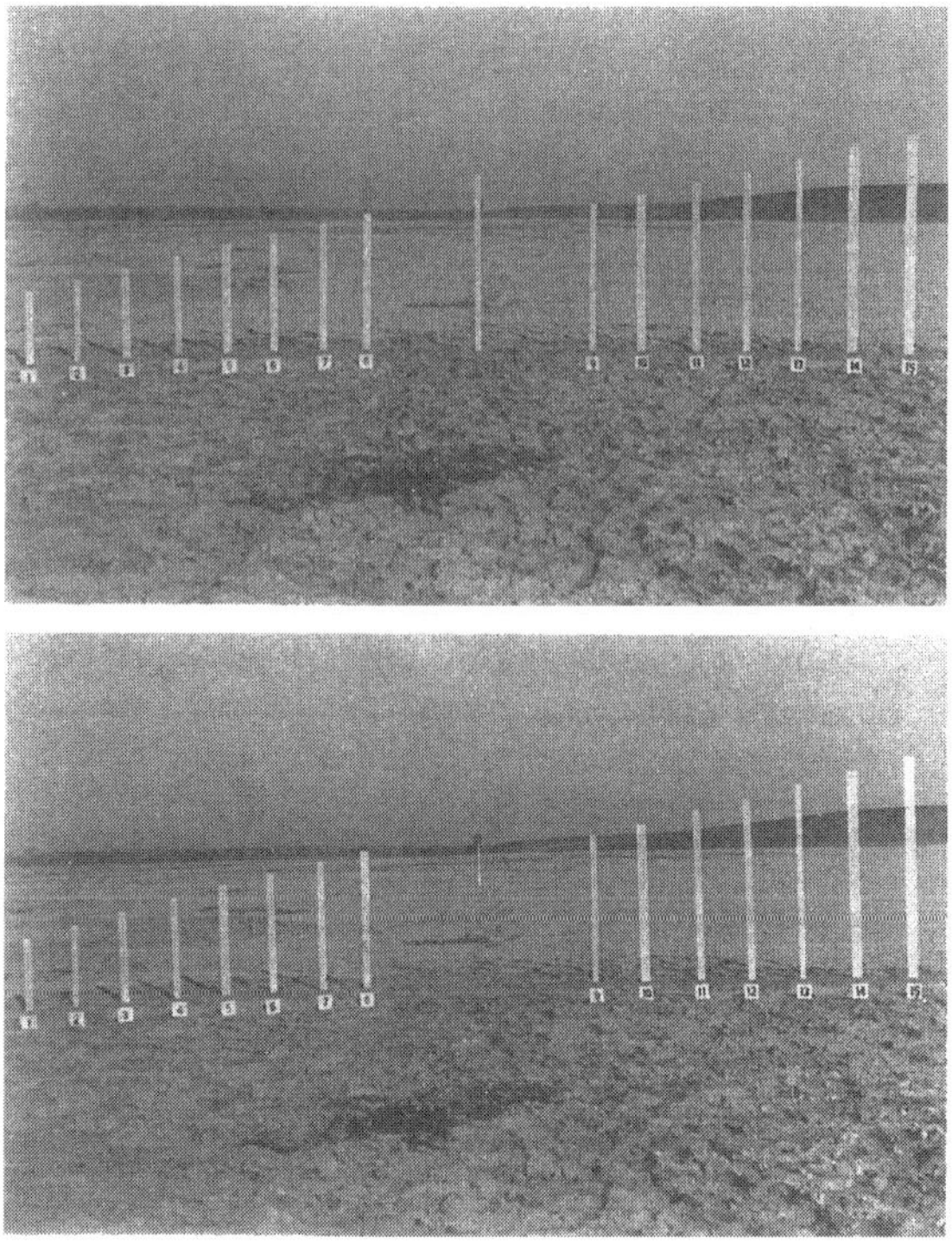

図1-5　ある距離における大きさの判断
(Gibson, 1950　邦訳 p.212より)

使ってなされるべきだと考えたわけです。実験室の外に出てみると、そこには知覚されるべき物だけでなく、その物の背後に、連続する背景面がありました（図1-5）。それこそが空間知覚を支えていたのです。これが五〇年のギブソンの「ホップ」でした。しかし、この時点ではギブソンはまだ網膜像に固執していました。静止した瞬間的な網膜像ですら、分析すれば視覚ワールドの奥行や距離を説明するのに十分な情報を含んでいると考えたわけです。実験室の外にある刺激作用の豊かさを発見したのですが、それが網膜に映ることに固執したわけです。網膜像から離れるにはもう一段の「ステップ」が必要でした。

「ステップ」——人間の外へ

それが起こったのが、このシンポジウムのテーマでもある六六年です。六六年の『生態学的知覚システム』の冒頭にはこう書かれています。

本書は、感覚についての既存の知識を、本章で概説した理論的枠組みで統合し、知覚を理解するために感覚について明らかにすることを目的とする（Gibson, 1966　邦訳六頁）。

つまり、この本は新しい発見について書いてある本というよりも、むしろ、これまでに知られていた感覚に関するデータを「新しい枠組み」のもとに統合することによって、知覚を新しく見直してみる本だということです（註6）。

その「新しい枠組み」とは何でしょうか？　それはずばり、ダーウィン進化論とも整合性がある枠組み。つまり、この地球上で進化してきたのは人間の眼だけではない、昆虫の眼もタコの眼も進化してきた、そうした事実も整合的に説明できるような枠組みです。だから、六六年は「人間の外へ」のステップだった、というわけです。

「人間の外」へステップすると、そこには複眼など、多様な眼がありました。つまり、環境を知覚できるのは、網膜像をもった人間の眼だけではないのです。それらを進化させた多様性を生み出す環境とはどういうものなのか？　ギブソンはそこに構造化された情報の場を発見します。網膜像などない昆虫の複眼でも同じ環境を知覚でき、それを可能にしている情報の場があらゆる生き物を包囲していることが見えてきたのです。

そうだとすれば、環境を特定する情報とそれをピックアップする知覚システムの理論こそが、すべての生き物の知覚を説明する理論的な枠組みになるはずです。そこで六六年の本でギブソン

註6　これはまさに、コペルニクスが天体の運行についての既存のデータを新たな理論的枠組みの中で統合することによって、天動説から地動説へのジャンプを成し遂げたことに正確に対応しており、この記述からはギブソン自身がそれを十分に自覚して行っていたことがわかる。

は多様な眼、多様な物理的身体がこの情報の場の中で進化してきたことを解剖学的な図なども駆使して見せています。そうした多様な身体のどれもがこの構造化された情報の場において、差異に関する情報をピックアップできることを示すためにです。このように人間の知覚だけでなく、この地球上で進化してきたすべての生物の知覚を説明できる理論を構築するために「人間の外へ」飛び出したこと。これがギブソンの「ステップ」です。

「ジャンプ」——包囲する光の中へ

六六年の「ステップ」によって、それまでに明らかにされていた身体の解剖学的な事実と、生態学的な情報の理論とが矛盾しないことを示すことができました。それをスプリングボードにすることで、七九年になると、一気にものすごいところまで「ジャンプ」します。「物理的身体の外へ」ジャンプし、「包囲する光のただ中へ」飛び込んでいったのです。七九年では急に変な話が出てきます。たとえば、こんな話。

探索的移動によって景色が整然となると、家、町、あるいは生息環境全体の不変的構造がとらえられるであろう。隠れたものと現れているものとが一つの環境となる。そのとき、散在したものの下に地平線まで続く地面を知覚でき、同時にその散在物も知覚できる、個体は環境に定位する。それは、地形の鳥瞰図をもつというよりも、むしろあらゆる場所に同時にいるということである（Gibson, 1979　邦訳二一四頁）。

「あらゆる場所に同時にいる」ことはたんなる「物理的身体」では不可能です。それならば、これはオカルト的な話でしょうか？　そうではないと思います。むしろ、ぼくたちの経験に即して考えるならば、こちらのほうが本当ではないか。つまり、物理学が想定するような「物理的世界」や「物理的身体」のほうがそうした具体的な経験の中の特定の要素を抽象して構成した抽象物であり、ぼくたちが知覚している身体はギブソンがここで書いているとおりなのではないかということです。

昨日、自転車で初めて函館を走ったとき、実際このとおりのことがぼくの身体に起こりました。午後遅くに飛行機で函館に到着し、宿で荷物を下ろしたぼくは、空港に忘れ物をしたことに気づきました。仕方なく宿で自転車を借り、空港まで戻って忘れ物を受け取り、宿に戻ろうとしました。ところが、途中で道に迷ってしまったのです。最初は自分がどこにいるのかわかりませんでした。周囲のすべてが明瞭に見えているのにそこがどこなのかわからない。途方に暮れ、自転車で函館の街の中をぐるぐる回っているうちに、身体が徐々に広がってくるような感覚をおぼえました。別々の場所で知覚した個々の光景がつながり、そのつながりが増えるにつれ、身体がどんどん拡大し、次第に函館の街そのものに近づいていくように感じたのです。

最後にダーウィンの『種の起源』の結びの文章をご紹介します。

生命はそのあまたの力とともに、最初わずかなものあるいはただ一個のものに、吹き込まれたとするこの見かた、そして、この惑星が確固たる重力法則に従って回転するあいだに、かくも単純な発端からきわめて美しくきわめて驚嘆すべき無限の形態が生じ、いまも生じつつあるというこの見かたのなかには、壮大なものがある（Darwin, 1859　邦訳二六二頁）。

この文章に象徴的に示されているように、物理学的な持続する環境と、その中で変化し続ける生物、その出会いを見続けた科学者がダーウィンであり、そしてその流れの先にギブソンや生態心理学者としてのぼくらがいるのです。

二〇一二年七月七日、公立はこだて未来大学にて収録

II部

【座談会】ギブソン六六を読む

函館のシンポジウムから二か月後の二〇一二年九月一日、シンポジウムの対話者四名はふたたび東京で集まり、函館で生じたさまざまな疑問や言い足りなかったことについて話しあった。

1　行為システムとその環境

佐々木　暑い中、お集まりいただきありがとうございます。函館では皆さんは各二〇分弱の持ち時間で、おそらく用意してきたことを十分発言できないまま終わったと思います。じつはシンポジウムの前に会場に一室を借りて昼食を食べながら話し合った内容がとてもおもしろかったのです。それはシンポジウムの九〇分という時間内には登場させられなかった内容です。もったいないな、ということで、二か月たったところでまた集まって議論を続けようということになりました。野中さん、染谷さん、細田さんに順に質問するところからはじめたいと思います。まずシンポジウムでのお話を補足していただき、そこからはじめて、さらにわからないところを皆で議論するという段取りで進めたいと思います。

ベルンシュタインの行為研究

佐々木　では、まず野中さん。えっと、ベルンシュタインはモスクワの中央労働研究所で仕事をしていたのですよね。そこではどのような研究をしていたのでしょうか。

野中　そのことを、ぼくはエレナ・ビリュコバ（Biryukova, E. V.）さんとブランディン・ブリル（Bril, B.）さんという運動学者が英語で書いた論文で知りました。その論文には、ベルンシュタインは労働研究所と呼ばれるような機関において、エンジニアと一緒になって、錠前師、旋盤工、洋裁師などの労働者の作業にともなう運動について、自然状況に近い実験によって検討していたと書かれています（Biryukova & Bril, 2012）。

佐々木　職人も一部参加していたということですか？

野中　おそらく、研究協力者としてだと思います。

佐々木　発表の中では、ハンマリングがとりあげられていましたけれど、要するに鋼を打つような仕事の人が研究協力者として参加していたわけですか？

佐々木正人
〔撮影　ホンマタカシ〕

野中　はい。ベルンシュタインが本の中で言及しているのは、のみを打つ鍛冶屋のハンマー動作です（Bernstein, 1967）。そこでは、複数の身体部位のばらつきが補償的に結びついて、ハンマー先端の位置の安定化をもたらしていたことが述べられています。それと同じ研究の一部かどうかはわからないのですが、非常に重いハンマーでスパイクを叩く炭鉱夫のハンマー動作の研究について、先ほど触れた論文で紹介されています。

佐々木　炭鉱夫の人が坑道の隙間に釘をバーンと打ち込むような？

野中　そうだと思います。その研究では、ハンマーで打つ動きのパターンを二つに大別して、両者のハンマーヘッドの動きと腕の関節群の動きの関係が、エネルギー効率などの面から検討されています。おそらくこのような視点は、非常に重いハンマーだということが関係しているのかもしれません。ビリュコヴァさんたちによると、この時期のベルンシュタインの職人研究というのはいずれも完全なかたちでは英訳されていない。部分的にはあちこちで紹介されていて、ハンマーの話などはよく言及されるんですが、研究論文がまるごと英訳されているものはないそうです。

佐々木　函館での学会後に、野中さんから二つ論文を送っていただきました。ひとつがベルンシュタインのピアノ研究の英訳（Kay, Turvey, & Meijer, 2003）。これはベルンシュタインとポポヴァさんが一九三〇年に書いた論文をアメリカの研究者たちが訳したものです。もうひとつが、今おっしゃったエレナ・ビリュコバさんと、フランスの野中さんの共同研究者のブリルさんの書いている、道具使用の生体力学システム（Biryukova & Bril, 2012）。これにはベルンシュタインのデクステリティに回帰するのだと書いてあります。先のピアノ打鍵研究はどんな内容か知っていますか？

野中　はい。一九二〇年代後半に、ロシアの内外から一流のピアニスト十四人が集められて、彼らが手指を広げて一オクターブ離れた鍵盤を連打するパッセージについて検討されています。そこでは、鍵盤と手指との正確な連打に向けて、演奏のテンポに応じて、まったく質的に異なる打鍵運動の組織が生まれることが報告されています。たとえば、ゆっくりのテンポでは一回一回の打鍵が独立している一方で、中くらいのテンポでは、手首と肘のそれぞれの運動が複雑にからみあう連結振り子のようなふるまいが見られるそうです。さらにテンポが速くなると、おそらく小太鼓の連打のような感じだと思うのですけれども、手首を受動的なバネのようにした、鍵盤からの跳ね返りを利用した肘中心の強制弾性振動のような運動の組織が現れる。ずいぶんと複雑な運動を、ベルンシュタインは手づくりのモーションキャプチャー装置を使って計測しています。

佐々木　自前で製作したいろいろな運動の計測、記録機が出ていますよね。ブリコラージュ感が出ていておもしろい。楽譜も出ていました。こうした職人さん、労働者の技の研究とか、ピアニストなど芸術家の動作研究とか、現在でもその伝統はロシアで続いているのでしょうか。

野中　現在はむしろ北米だと思います。ベルンシュタインのセミナーに実際に参加していたメンバーのアナトール・フェルドマン（Feldman, A. G.）がカナダのモントリオール大学に、ベルンシュタインの『デクステリティ』（Bernstein, 1996）を英訳したロシア人のマーク・ラターシュ（Latash, M. L.）がアメリカのペンシルベニア州立大学にいます。ラターシュを中心とする研究グループは、たとえば、壊れやすいものを扱う手の動き、カップに入った液体を飲む動きといった、なにか具体的なモノにかかわる動きの調整を研究しています（e.g., Latash & Jaric, 2002）。

佐々木　ベルンシュタインは、運動研究者、理論家としてはよく知られていると思いますが、技の研究にも手を染めています。実践動作研究と切り離さずに理論的な運動研究をやっていたということでしょうか？　もしそうだとしたら、その前者の流れは今のロシアやヨーロッパではどうなっているのでしょうか？　ブリルさんは、どういう経緯でベルンシュタインの伝統に出会ったのでしょう？

野中　まずベルンシュタインですが、どうも研究者としてのキャリアのスタートが、技の研究だったようです。ベルンシュタインはもともと神経科を専門とする医者で、一九二二年から研究をはじめたと言われていますが（Gelfand et al., 1971）、先ほどお話ししたハンマー動作の論文はその翌年の一九二三年に公刊されています。このときベルンシュタインはまだ二七歳で、研究をスタートして間もない頃なはずです。ひょっとすると、技の研究を通して見つけた一群の運動をめぐる問題が、のちの理論家としてのベルンシュタインの基礎を与えたのではないでしょうか。フランスのブリルさんは、現在は歩行や道具使用などの技能獲得の研究をしていますが、もともとは人類学で学位をとっていて、一九八〇年代に学会でマイケル・ターヴィーさん（Turvey, M. T.）、エスター・テーレンさん（Thelen, E.）たちと知り合ったことが、運動研究に進むきっかけになったと言っていました。その後、モスクワをしばしば訪れて、先ほど名前が挙がったビリュコヴァさんというベルンシュタイン一派の研究者と一緒に研究をしています。ブリルさんは、おそらく彼女を通じて、ベルンシュタインの理論について詳しく知ったのだろうと思います。ブリルさんはもともと、赤ちゃんが育つニッチですとか、いろいろな地方の……。

佐々木　アフリカですね？

野中　はい。もともと、マリの子どもをめぐる習慣について研究をしていました。彼女の場合、まず、ヒトの日常的な生活習慣に興味があったと。日常行為を科学するひとつの可能性をベルンシュタインのアプローチに見たんだと思います。

佐々木　そうですか、だからヨーロッパではベルンシュタインの理論的な部分をよく把握している人たちが運動研究を継承しているということもありますが、一方で人類学的な観点から日常行為に関心をもっている少数が、ベルンシュタイン流の一部である技研究を継承しています。

野中　そうですね。

リハビリテーションへの示唆

佐々木　野中さんは、運動障害者のリハビリテーションを見ている。ベルンシュタインからゲルファントへという一種の定式化された運動研究の先端の流れの紹介もしている。そこでうかがいたいのですが、コーディネーションの原理や、それを数学化したゲルファントの最少相互作用の原理（Gelfand et al, 1971）などを、リハビリテーションの現場に応用しようという場合、どのようなことになるのでしょうか。

野中　大変難しいですけれども、ひとつ思いあたるのは、身体の運動を周囲の場の構造に埋め込まれた組織として見ることは、とくに長いスパンの行為の再獲得に示唆をもつかもしれないということです。病院のカンファレンスで実際に聞いた話ですが、たとえば脳卒中で入院されて、リハビリで歩けるようになった方が、退院する直前になってソーシャルワーカーの方と一緒に自宅に一回戻って、手すりの配置などを下見した時に、病院内では歩けていたのが自宅では怖くて這ってしまったそうです。そういうことを聞くと、場と切り離して運動機能を捉えることの難しさといいますか、逆に場所に埋め込まれた組織として運動が発達するという視点はひとつのヒントになるのかな、という可能性は感じています。たとえば今、立位の回復に関する共同研究をやっているのですが、片麻痺などの場合、左右の不均衡みたいなものが段々薄れてきて治っていくという過程とは別に、左右の不均衡の修正とはちがうレベルで、長いスパンで立位のバランスが良くなっていくという発達もある。そういったレベルの発達をとらえるために、ゲルファントのように、具体的な価値の場に埋め込まれた運動の補償的な結びつきに注目するのは有効かもしれないと思っています。

佐々木　運動協調というものを考えると、きっとローカルな面があります。たとえば運動障害者の方が、しばらくして退院して家庭に戻ったときに、おそらく障害を得る前の経験をなかなかすぐにはいかすことができないでしょう。家の中がそれまでとは全然ちがうところのようにあらわれます。部屋のレイアウトとまずは対峙しなくてはいけないようです。そういう中で、単一のもののの使い方だけではなくて、部屋の中のいろんなものと段々と折り合いをつけていく。ぜんぶをバリアフリー化することなどできないわけです。その家でのお風呂とか、食卓の配置とか、床の広さやあちこちの傾斜とか、遊離物の散らばり方とか、どんな種類の段差がどこにあるかとか、そういうさまざまな個別の変異がある中で、野中さんが研究されたようなコーディネーションの変化が起こっているはずです。場所に特定的な変化として、たとえば新しいカップルが購入した家に住み慣れていくというのも、きっとそういう感じなのでしょうね。その囲いの中では、そこでしかありえないような動きをしているはずなんですよね。そういう点は同じですけれども、リハビリテーションの場合はなかなかうまくアダプトできません。

野中　はい。ある段差にしても、段差をどう使うかは一つではないですね。環境の構造を利用することとイコールある運動のパターンの

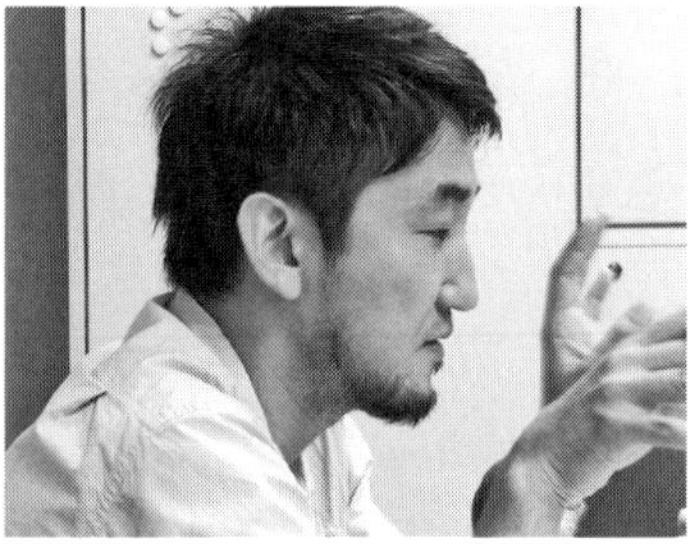

野中哲士
〔撮影　ホンマタカシ〕

生成ではないですから。そうではなくて、環境の構造とつながるいろいろな再組織の可能性の模索を促すという視点もあると思います。

ベルンシュタインとギブソンの異同、遂行的活動と探索的活動

佐々木　ベッドの高さをどれくらいにするか、新しくどんなソファを買うか、食卓の広さをどのくらいにするのか、材質はどうするか、イスをどんなかたちにするか、選択肢はものすごくたくさんありますよね。そういう選択と絡みながら、新しい習慣というか、何か行為の仕方が徐々に見えてくるという感じになるのでしょうかね。だから、ギブソンの知覚システムの身体論とベルンシュタインの身体論というのは似ていると思っているのですけれど、ちがうところがあるとすればどんな点なのかを野中さんに尋ねたいのですけれど。たしか染谷さんも同じような質問がありますね。

染谷　ベルンシュタインでは知覚はどう考えられていたのかということ、それにギブソンの身体論では、主に探索的な知覚システムと主に行為遂行にかかわる運動システムとを分けることの理由と、分けた後にどう関係させるのかというのが質問です。ぼくのなかでもうまく理解できていないところがあるのです。六六年のなかで、ギブソンは情報の探索のシステムと、行為、とくに物を操作したり作り変えたりする遂行のシステムとを分けています。操作の話も少しありますが

探索的なシステムのほうの話が多く扱われていて、七九年でもこの点は変わりません。ところが、特定的反応のアイデアを出したホルトにはこのような区分はなく、知覚の運動理論一本で貫いていいます（Holt, 1915c）。知覚はどちらかというと行動に従属的な扱われ方をしていて、行動が定位している物があって、その定位する行動の一部分として知覚がはたらいている。ホルトにはほとんど知覚の話は出てきません。探索と遂行を分離するのは、理屈のうえでは、たとえばリードさんは、エネルギー効率を持ち出していました（Reed, 1996, p.80）。実際に物を取って食べるときに必要とするエネルギーと、それが食べられるのかどうかを見分けることに費やすエネルギーとでは、消費エネルギーがちがうと。どちらも体の運動を含むという意味では、行為のシステムではありますが、論者によって強調点が異なるのが気になるのです。ホルトはそれなりの理由があって、知覚的に意識しているのは運動が特定的になっている対象だと主張していました。リードさんは、知覚システムとは別に、遂行することにむしろ専念するような行為システムを独自に列挙していました。知覚と行為を別のシステムとして分ける理由を明確に理解したい。そのために、ベルンシュタインでは知覚はどう考えられていたのか確認したいわけです。

野中　探索的活動と遂行的活動の区別と関連するのですが、六六年でギブソンは運動について大きな話をふたつしています。ひとつは運動システムと知覚システムの関係です。もうひとつは視覚による移動のコントロールの話です。ひとつめの運動システムと知覚システムの関係については、まず神経の入力と出力というのは知覚と運動というふうには対応しないとしています。知覚システムへの出力もあれば、運動システムからの入力もあります。そうことわったうえで、まわりについて知ろうとする動物の行動（探索的活動）と、知り得たまわりの資源を実際に利用しようとする動物の行動（遂行的活動）を区別しています（Gibson, 1966 p.57）。函館での学会の折に染谷さんが、ギブソンの六六年が対象に応じて変化する組織としてからだを描いているというお話をなさっていました（四六—四八頁）。おっしゃるとおり、六六年では、まわりとの接し方を調整するプロセスに埋め込まれたものとして身体を描くというのが、ひとつのポイントとしてであると思うのです。だからこそ身体運動の組織はvicarious（補償的）であると。この視点は、たとえば行為について、「環境内で生じる問題の錠前を開けること」として見ていたベルンシュタインと根底において通じています。

両者が異なるのは、六六年でギブソンが運動について提示したもうひとつのポイント、視覚による移動のコントロールのところだと思います。ギブソンは、動物の移動を可能にする媒質である空気に、当の移動のコントロールに潜在的に利用可能な種々の情報が含まれていると言います。自分が移動するとき、まわりの媒質中のエネルギー配列のパターンの不変と変化に、それぞれ「環境」と「環境内の自己」を知らせる情報があって、それらの情報が移動を直接コントロールする、というわけです。そういって実際に、ギブソンは動物の前進や後退を特定する光の配列の流動や、対象との接触の差し迫り具合を知らせる肌理の拡大といった、移動のコントロールに潜在的に利用可能な光学的情報を記述してみせます。おそらく、まわりにある潜在的に利用可能な情報によって、環境と動物との接し方そのものが直接調整されるような可能性を、ベルンシュタインは考えていなかったと思います。函館ではゲルファントのモデルが、ギブソンが言うところの視覚による移動のコントロールと似ていると言ったのですが、ゲルファントがこのような情報の存在について、具体的に論じていたわけではありません。環境と自己との関係を知らせるものとして何があるのかという議論には、ベルンシュタインやゲルファントは踏み込んでいない。

一方、ギブソンの理論では、感覚受容器の「外部」に、光の流動やその不変量のような潜在的に利用可能な情報が存在することを示すことで、動物個体が「動かすもの」と「動かされるもの」に引き裂かれることなしに、環境の価値とそれに向かう動物個体まるごとのふるまいが直接結びつく根拠が生まれる。

探索的活動と遂行的活動の区別に話を戻しますと、ギブソン六六年では、動物のふるまいが、環境とのあいだで意味のある関係を結んだり、それを変化させたり、持続させたりすることに埋め込まれたものとして描かれる。このことは、探索と遂行を包含するものです。しかし、からだを動かして環境とのあいだの関係を調整する目的というのは、情報を獲得する場合と、ある場所から別の場所へと移動する場合とではちがう。そういったレベルで階層を下げていくと、その関係はいろいろ質が異なる。

染谷　環境との関係の作り方の質的なちがいとは、直接環境に働きかけてそれを変化させ、使うレベルで環境に埋め込まれた身体の活動と、その働きかけに必要な手段を探す、つまり、情報を探すという意味で環境に埋め込まれた身体の活動とのちがいですか。これらは環境に埋め込まれた身体の活動としては同種であるけれども、質的に異なる身体活動である、という考えで理解すればいいわけですね。

佐々木　関連することですが、細田さんが函館で会場からの質問への答えで述べられていた、情報とアフォーダンスの区別の話ですね。細田さんは、アフォーダンスは価値であり、生態学的情報は意味である。価値を利用する行動が遂行的な活動で、意味を利用する活動が探索的な活動である。そこを一応分けることで、意識の進化や行動の進化、あるいはそのレベル、つまり進化の過程を問題にできるのではないだろうか、という発言をされていました。これはリードのクリアな分け方と関連しますね。「ギブソン六六年」でも探索的活動と遂行的活動という分け方はありますが、リードのこのクリアな分け方とは少しちがうような感じもします。ギブソンにおいては必ずしもクリアではないかと思いますが、この点はどうなのでしょうか？

野中　意味と価値という言葉を使っては分けていませんが、ギブソンもふたつは分けています。

佐々木　確かに分けていますね。本日、野中さんに「六六年」の全体の流れを整理していただいたのでよくわかりました。ただ、実際にいろいろ描いている知覚と行為の事例では、はっきりと区別するような形で示していないのではないかとも思います。細田さん、このあたりはどうですか？

細田　たしかに、リードは『アフォーダンスの心理学』（Reed, 1996）において「生態学的情報」を「意味（meaning）」、「アフォーダンス」を「価値（value）」と分けていますね。「意味」も「価値」も日本語では同じように使われますが、英語のニュアンスは明確に異なるのでこのような分け方をしているのです。

「価値（value）」には「それ自体に有用性がある」というニュアンスがありますが、「意味（meaning）」には「何ものかを指し示している」というニュアンスがあります。「アフォーダンス」も「生態学的情報」も環境の「資源（resource）」であるという点は同じですが、「アフォーダンス」はそれ自体に「動物の行為を支える」という「直接的な有用性」があるのに対し、「生態学的情報」の有用性は「アフォーダンス」という「環境の資源のありかを指し示す」という「間接的」なものです。だから、アフォーダンスは「価値（value）」、生態学的情報は「意味（meaning）」と区別されているのです。

これはリードのオリジナルな分け方というよりも、原著を読んだ限りでは、ギブソンも同じように言葉を使い分けています。リードはギブソンの基本的なアイデアを継承し、わかりやすく整理したと言えます。

その点をまず押さえたうえで、「遂行的活動」と「探索的活動」について確認しておきたいのは、実際の活動では多くの場合、「遂行的活動」と「探索的活動」はともに進行しているということです。つまり、ある行為が「遂行」されるときには「探索」も同時に行われているのです。

佐々木　同時に、ですか。

細田　ええ、「行為は知覚にガイドされる」という意味では「同時に」と言っていいと思います。たとえば、野球のバッターは空振りに終わったスイングのなかでも相手の投球の情報を探索しています。そして、次のスイングでその情報にアジャストできるとしたら、最初のスイングは「遂行的活動」であると同時に「探索的活動」でもあったと言えますね。ほとんどの活動ではこのように探索と遂行が同時に行われています。

しかし、その「遂行的活動」と「探索的活動」を理論上は分けて考えておくことが重要です。そうすることで「思考」の進化的な起源を、動物が周囲の環境の情報を探索する活動に見ることができるからです。その視点をもたない限り、「思考」は脳が高次化された段階で突如として出現する活動として、つまり、進化の流れからは遊離した活動として特別扱いしなければならなくなります。

けれども、生命が地球上に誕生して以来、周囲の環境の情報を探索する活動の中に「思考の芽」は常に潜在していました。実際に行動するのではなく、それよりもっとローコストで行える活動の中に、つまり、行動の多様な可能性を特定する多様な情報を探索する活動の中に「思考」の原初的な形態を見ることができるのです。人間の場合は、そこに「言語」などのツールが加わっただけです。つまり、言語的な思考とは、他の動物も行っている探索的活動の中に、「言語」というツールを取り込んだ形態にすぎません。このように見ることで、他の動物と人間の連続性と差異の両方を進化の流れの中で、しかも環境と関係づけながら考えることができます。それが「遂行的活動」と「探索的活動」を分けて考えることの意味です。

行為システム

染谷　リードの『アフォーダンスの心理学』(Reed, 1996) では、今言ったような進化の道筋に乗せて、原生生物は遂行と探索が一緒で、やがて探索のほうが独立するようになってきたと描かれています。実際にアメーバは、自分の形を変形させて直に接触することでしか栄養物や酸素濃度の勾配を知ることができません。遠刺激に対する反応はないわけです。しかしやがて実際に行動する前に行動にとって必要な手段を探すことに特化したシステム、知覚システムが出現するという描き方です。細田さんの言うように、この探すことが、考えること・思考になるのでしょうね。

さきほど佐々木先生がおっしゃった行為システムの話では、行為システムの理論というのは、ギブソンではなくてリードさんのオリジナルだと私は思っています。なにゆえあれを登場させたのかという動機を知りたい。じかに物を操作したり変形したりする遂行的活動と、遂行手段を教えてくれる情報を探し出す探索的活動とを分けながら、それをもう一度行為システムで整理し直しているのはどうしてなのか。行為システムの一つとして探索システム・知覚システムを入れ込もうとしているのでしょうか。この点はどうなっているのだろう?

細田　その答えはシンプルです。「探索」も生き物が行う行為のひとつだからです。そして「行為システム」の分類は、生き物がこの世界で出会う基本的なアフォーダンス、あるいは基本的な活動領域に対応した分類だからです。六六年のギブソンの知覚システムの分類は基本的に、五感に対応した分類、つまり感覚器官にもとづいた分類でしたが、それに対してリードは、感覚器官ではなくて、生き物が環境の中で行わざるを得ない基本的なタスクのほうをベースにしてシステムの分類を考えていきました。

染谷　資源ベースですか。

細田　単純に「資源」ベースで分類すると際限がなくなってしまいますので、単純な「資源」というよりも、この世界に生まれた生き物はどのように生きているのか、その生を支えている基本的な資源とそれを利用して行われる基本的なタスクによって分類しているのです。

染谷　では、システムについての考え方はもっと包括的だと考えてもいいんですかね？　たとえば、リードの行為システムの中には「遊びシステム」とか、「表出システム」とか、「意味システム」といった、社会的な相互行為システムまで入っていますよね（Reed, 1996, Ch.6　参照）。

野中　六六年によく似た七つのシステムが出てきますよね（Gibson, 1966, p.57　邦訳六七頁参照）。まず姿勢システム。次に定位・探索システム。三つめが移動システム。四つめが摂取システム。五つめが遂行システム。六つめが表現・表情システム。七つめがセマンティックシステム。リードさんの行為システムは、かなり忠実にこの分類を踏襲している。ギブソンの六六年の文脈では、とりあえず筋―骨格系の調整をともなうあらゆるイベントをリストアップしてみて、それを解剖学的な単位によってではなく、当の調整が向かう先にある「purpose（目的）」によって分類してみるとよいだろうと言って、この七つを予備的な分類として提示するわけです。その意味で、もちろん予備的なものではあるのですが、包括的なものとして提示されている。ギブソンはそこで、筋―骨格系の調整の「目的」のなかには、まわりの環境について、あるいは自己について知らせる情報の獲得という「目的」もあることを示すわけです。おそらく、ギブソンの意図としては、知覚という活動を、筋―骨格系の調整といういわゆる「運動」の文脈の中で位置づけてみようということがあったと思います。そのなかで、調整が向かうところの「目的」の区分として、探索的と遂行的という区分が第一の大枠として出てくるという流れだという気がします。

佐々木　その分類の追求については、あまりやっていないのですよね？

野中　ギブソン自身がですか？

佐々木　いえ、ギブソン後の生態心理学において。もちろんわれわれも含めてです。だからリードは行為システムをあえてもう少し日常的なところに持ち込んだのかなあと思います。間違っているかもしれないですけれど、ベルンシュタインは、もちろんモノも扱っていた。つまり活動の生理学だから運動のユニットはアクティビティで、彼は予期的知覚を取り込んでいます。ホルトは、環境の特徴に特定的な組織体として運動を考えていたから、運動の落としどころとしての環境と身体行為との繋がりを主張しました。それに対してギブソンはまずは旧来の五感といわれていたものを一応は下絵にしながら、それをシステムとして見直したときに問題になってくるインフォメーションを記述しようとして活動レベルに一歩踏み込むような運動のユニットについても考えようとしていた。ホルトの枠組みにインフォメーションを入れると、環境の落としどころであるモノと行為組織体との関係に少しマージンができるから、運動は探索でもあるという意味も出てきます。当然、ベルンシュタインにも探索がないわけではないのです。身体の自由度の幅よりは振り下ろされるハンマーの位置の偏差が少ないというのは、まさにインフォメーションなしには説明できない話です。みんな似ているというのはあまり生産的ではありませんが、こんなふうに考えたら二十世紀のちょうど半ばくらいに行われていた身体研究は、ある種通底するところがあるかもしれない。こう考えてくると、リードさんが再登場させた行為システムは可能性をもっているので、きちんとやらなければなりません。おもしろいですね、行為システムって。

細田　そうですね。環境には多種多様なリソースが潜在しているのですけれども、その中のある特定のリソースを利用できるようになるのは進化のどの段階かというような問いを立てることができると思います。たとえば、探索的活動に利用できる「情報」というリソースを遂行的活動からは切り離して利用できるのはこの段階からであるというようなことを確定できるのではないか。つまり、現在においては多種多様な生き物がいて、そうした多様なシステムが共時的に存在しているけれども、それらを進化の流れの中に置き直して時系列的に見ていくと、その生き物が何であるかがわかる、あるいは何か新しいことが見えてくるのではないか。たとえば、「人間とは何か」ということを探るときに、ぼくらが使っている多種多様な行為システムを、進化の流れの中に埋め込んで見てみると、いろいろな生き物とのつながりが新たに見えてきて、ぼくらがどこから来たのか、その根っこが見えてくるというような感じです。

佐々木　同じ家に住んでいても、ゴキブリのリソースは少ない。昆虫が使っている行為システムは限られていると思います。どうしてヒトは行為システムをこんなに広げたのだろう？

細田　人類学者なら、人類の歴史によって答えるでしょうね。つまり、人類がその歴史の中で直面してきた環境のさまざまな圧力が多様な行為システムの分化をもたらしてきたのだと説明するでしょう。アフリカで誕生した人類が、大規模な気候の変化によってサバンナと化した土地でエサを採集するために、木から降りた。そして、長距離を長い時間歩いて探索し、見つけたエサを手で持って運ぶために、二足歩行が得意になった。また、子どもが未熟な状態で生まれるため、母子は長期間密着して過ごさねばならず、それを支えるために集団で生活する必要が生まれた。集団で生活しなければならないので、お互いの思いを読み取る必要性が生じたなど、その歴史的な生活形態に内在していた選択圧から答えるのではないでしょうか。

佐々木　なるほど、お互いの思いを読み取るため、ですか。

細田　ええ、集団生活を営むためにはお互いの意図を正確に読み取れたほうが進化上有利になるはずです。つまり、生物がそこで生きなければならなかった環境から受ける圧力と、そこで生じた偶然の変異。その積み重ねによって今ある行為システムの多様な分化を説明するということです。ゴキブリがお互いの思いを読み取らないのは、集団生活を営む必要がないからですし、進化上の系統も異なります。もしも、ゴキブリに対して緊密な集団生活を営むことへの圧力が持続的にかかり続けるならば、相互の思いを読み取るようなインタラクションのシステムが進化することはありえます。しかし、その場合でも、そのシステムは表情や音声言語などの情報ではなく、やはりゴキブリが現在も利用している化学物質の検知にもとづいたシステムでしょうね。魚類から進化したサメと哺乳類から進化したクジラの泳ぎ方がちがうのと同じことです。

学習、「できること」の意味

佐々木　ギブソン理論の後継者のボブ・ショウさん（Shaw, R.）が東大での集中講義で日本にいらして神奈川県立総合リハビリテーション病院に案内したときに、重い脳梗塞の患者さんがいました。そのときショウさんは、開口一番、この人たちが一日を埋めることは大変だろうなと言いました。動きのレパートリーがすごく限られているからですね。患者さんにとっておそらく回復というのは、一日を埋める活動のバラエティが増えていくことで、そうした活動の時系列のアレンジメントができていくことなのではないかということをおっしゃったのは印象的でした。すごくリアリティあるでしょう？　脳梗塞になると大変ですよね、ずっといつもいる場所の周辺に留まる。高次脳機能障害の方でも、居間とか寝室でテレビを一日中見ています。奥さんがそのことを困った困ったといい、どうしたらいいのかとおっしゃるのを聞きました。何もはじめようとしないから手を焼く。プランニングの障害などといわれていますが、生活の流れを構成している活動のバラエティをどう確保するかという問題はおそらくとても重要で、これはヒトにとっては普遍的な問題だと思います。行為システムの議論は、そういう話題に繋がるのでしょうか。山﨑寛恵さんの研究では（山﨑、二〇一一、図2-1参照、八九頁）、赤ちゃんがつかまり立ちを獲得することは、運動学習ではなくて、部屋の壁の向こうを覗くというか、探索としての移動という行為の先端部であるという捉え方をしています。遮蔽されている縁の向こうにあることを知るために移動することからつかまり立ちという運動のバラエティが出てくる。これは、つかまり立ちを単独の運動的というか姿勢づくりのタスクとして捉えるというのとは、ちょっとちがいますよね。

染谷 山﨑さんの観察はちょっと居心地がわるいというか、そこで起こっていることをまだわれわれはうまく表現できていないし、理解できていないと思うのです。何かが「できる」というふうなかたちで学習がなされる、運動が獲得されるという考え方ではなくて、偶然向こう側にあったものに注目して、その拍子にやってしまったところで、つかまり立ちが起こったという描き方です。発達の捉え方がずいぶんちがうものになるのだろうなと思います。技能が獲得されるべくあるのではなくて、たまたま技能めいた運動になっていくというイメージです。学習されるべき対象の輪郭がはっきりしないけれども学習が起こる、これについては想像しにくいですよね。野中さんはどうお考えになりますか？

野中 染谷さんがおっしゃる山﨑さんの発表を残念ながら僕は見ていないので、具体的なところはわからないのですけれども、たぶん問題になっているのはこんなことかなと想像します。たとえば、しばしば運動研究では、運動を何らかの基準に沿った最適化の過程として捉えることをします。非常に単純な例ですと、たとえば躍度やトルクを最小化する身体部位の軌道生成といったかたちで運動の組織を説明しようとする。これに結果としてあてはまる事実もあるとは思うのですけれども、実際にわたしたちの日々の暮らしで調整されているのは、からだの動き方そのものというよりは、地面や他者といった、まわりにあるさまざまなものとの向き合い方なわけです。

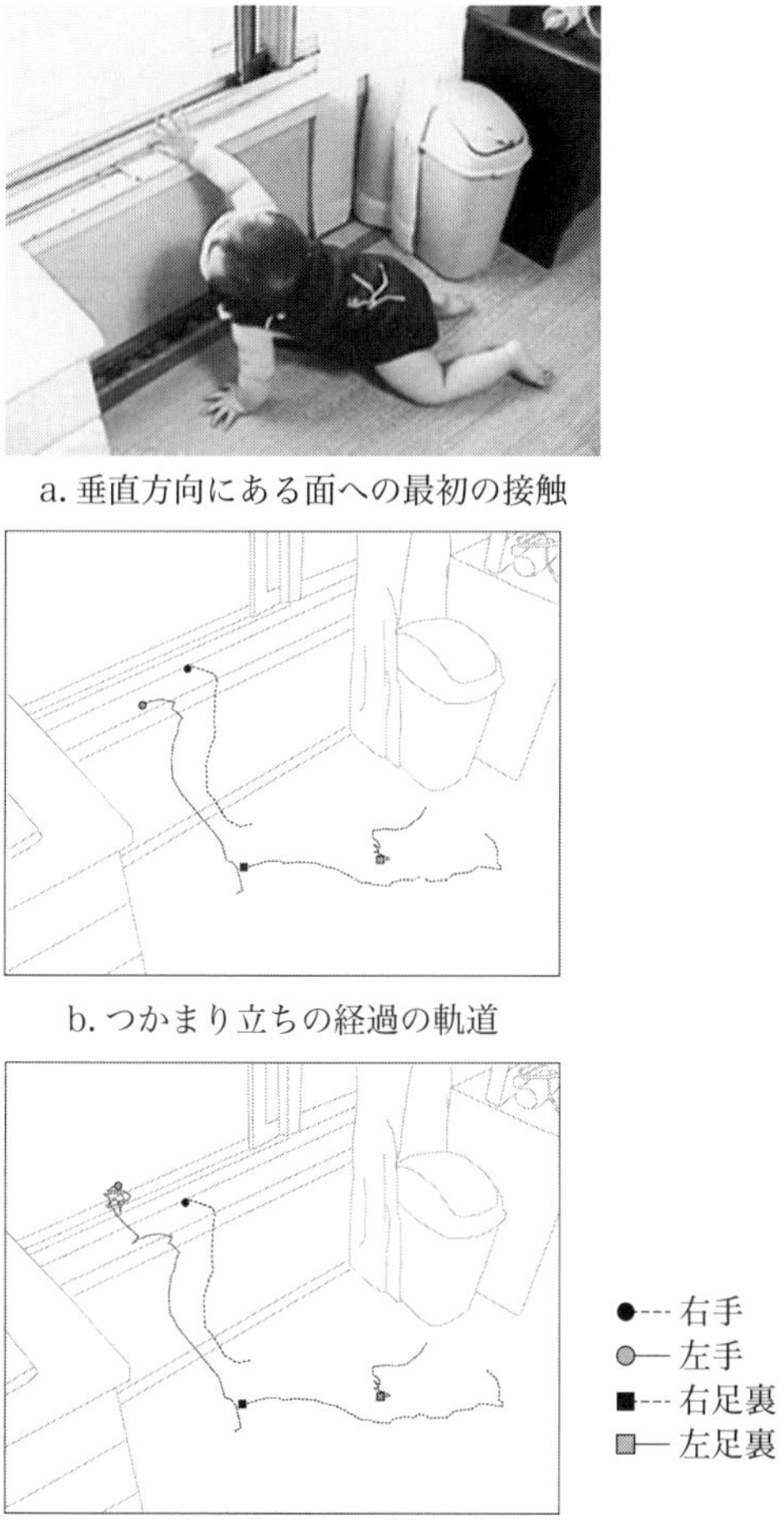

a. 垂直方向にある面への最初の接触

b. つかまり立ちの経過の軌道

c. 立位後の軌道

図2-1 「見えの変化が生じるところ」で起こるつかまり立ち（山﨑，2011より）

そこには、実際には最初から最適化されるべき基準が自明ではない豊かさがある。それをどこかで周囲と切り離してしまって、ある定まった条件に対して運動を最適化するものとして発達を描くと、何て言いますかね、リアルではなくなってくるという感じは僕もよくわかります。

染谷　行為がもっている特定性と、行為が最適化に至るという考え方は別物だと捉えればいいのでしょうか。

野中　別物です。解くべき問題があらかじめ定まっているという想定が最適化の考えの背景にある大前提だと思います。

佐々木　運動の獲得ではないということですね？

野中　はい。日常状況において私たちの行為が発達するのは、たとえばどのように身体を動かすべきかというレベルの小さなものではないですよね。ケーラーのチンパンジーのように、たとえば高いところに行くにしても通りがかりの飼育員の肩を使うといったまったく予想外な仕方もあって、なにかを見たりすることにしても、無数の可能性があると思うんです。そこになにかがあるかぎりは。しかし、「そこになにかがある」という部分を省いて、つまり、ふるまいが向かう先にある価値を度外視して、立ち上がることだけを単体として切り分けて、その条件を満たすように運動が発達していくと捉えてしまうと、すごく狭い見方になってしまうという感じはあります。

染谷　ぼくは、山﨑さんの話をうかがって、あらかじめ行為が定位するものはうまく決められないだろうという印象をもちました。赤ちゃんが偶然向こうに見つけたなにかに引き寄せられるような仕方で、行為ができあがっていくこともあるのかなと。ホルトのように、特定性を運動そのものに内在させる理解は、目的を達成する行為の落としどころを決めてしまうだけに、とても理解しやすい。それがどのような行為であるか、なにをしているかは、運動を観察してみて、その運動が向かっている環境内の特定的対象を見つけることができれば理解できます。けれども、赤ちゃんのつかまり立ち行為は、そういう行為理解を壊すのではないかと気になったわけです。哲学では、行為を個別化するには、言い換えれば、この行為とあの行為をどう区別するかというときには、基本的に意図が基準になります。しかし、意図を、メンタルな実体、機械のなかの幽霊をもち出さずに導入するには、一ひねり工夫が必要です。体を動かすことはいろんな仕方で記述できるのですが、意図的であるよう行為記述が一つあればよいとします。分析哲学の中で行為を分析する定石です。このときには、特定性と言わず意図という言葉が使われますが、こうした分析においても行為を捉えるためには、必ずなにか行為が向かっていて達成すべきものがあるということが前提されます。行為の向かうべきものがはっきりしていないで体が動いていて、それこそ偶然につかまり立ちできちゃった……。これが赤ちゃんに特有のものでなく、わたしたちの日常的な行為発達にもあてはまるのなら、行為を描く前提がかなり変わるだろうと思ったわけです。

佐々木　よくはわからないけれど、土台には移動とかコミュニケーションしたいというのがあるのではないかなと思います。コミュニケーションといってもまずは見えない人を探すことです。赤ちゃんは、山﨑さんの話のように、やっぱり壁に隠れている向こうがどうしても見たい、そこにいるのかもしれないお母さんか誰かに、なにかに近づきたいということがあるのです。そして、結果的にそれを求めることの一部がつかまり立ちになってくる。たとえば、リハビリ中の人だったら、いまいるところからどこかへ行きたい、今日は風呂場まで行きたい、しばらくすると、遠いけれども公園まで行きたい、できたら街で友だちと会いたい、友人とイスに座って三〇分間は話してみたいとか、移動とコミュニケーションがあって、いろいろな仕方で歩く多様な歩行のユニットの成立がその一部としてはじまる。そういうことかなと思います。このはじまりが、いろんな分岐をすることで行為になってくるのかな。こうした言い方はあまりにも普通のことですが、じつはこの土台がすべてをドライブしている気がします。子どもを見ていても、老いつつある自分を見ていてもそう思います。

コラム　赤ちゃんは「地平線」に向かって手を伸ばす

人間の赤ちゃんは生後一年間に、まずハイハイという「四足歩行」の移動パターンを獲得し、やがて「二足歩行」という新しい移動パターンへと移行する。赤ちゃんはなぜ安定したハイハイという移動パターンを捨て、立ち上がるのか？　そして、ハイハイよりも不安定な二足歩行のパターンへと移行していくのか？　山﨑（二〇一一）は、四足性から二足性への移行の中間段階に現れる「つかまり立ち」の多数の事例を分析することを通じて、その発達のベースにある「視覚」と「環境の面のレイアウト」の重要性に光をあてた。

山﨑（二〇一一）が分析したのは、一名の赤ちゃんの生後八か月から十一か月の日常場面でのつかまり立ちの多数の事例である（図2-1）。つかまり立ちが行われた場所の面の構造とそこに接触する四肢の動きに注目して分析した結果、次のようなことが明らかになった。①つかまり立ちの前、赤ちゃんは水平方向の探索を十分に行っている。そして、②つかまり立ちを開始する際、まず垂直方向の面の「届くか届かないかギリギリの地点」に向けて手を伸ばしている。また、③つかまり立ちはその場の面の特徴を利用して行われるため、四肢の軌道は一回一回異なる。さらに、④つかまり立ちの後、垂直方向の面の向こうに隠されていた面の探索へとつながることが多い。

ここから見えてくる「つかまり立ち」とは、要するに「垂直方向への探索活動」である。赤ちゃんは移動性を獲得して以来、まずハイハイによって「水平方向の探索活動」を存分に行う。そのうちに垂直方向にはもっとなにかがありそうだと気づき、その「新しい世界」へ向けて思いっきり手を伸ばすのである。そして、自分の視線を遮っていた「地平線」(実際には「遮蔽縁」)——それは「窓の桟」だったり「棚の縁」だったりするのだが——に手をかけ、立ち上がり、「地平線の向こうの新しい世界」を見るのである。

これはもしかすると、あらゆる「発達」のメタファーなのかもしれない。つまり、人間は生まれてから死ぬまでずっと「新しい世界」に出会い、「新しい自分」になるために「地平線」(あるいは「遮蔽縁」)に向かって手を伸ばし続けているのではないか。それが「生きる」ということであり、それが「発達」ということなのではないか。(細田)

知覚経験の転換点としての発達

細田 山崎さんの研究については二〇一五年三月の発達心理学会の自主シンポジウムで指定討論者の立場からコメントしました。山崎さんの研究の意義を一言で表現すれば、「三人称の発達研究から一人称の発達研究へ」ということだと思います。「発達」はふつう第三者の視点から語られます。つまり、他者の運動を観察したとき、それがあるフォームから他のフォームへ変化したことを「発達」として研究するような伝統ですね。でも、それは「発達する当事者」にとってはどんな体験なのだろうということを山﨑さんは問います。しかも、対象は「言葉をもたない赤ちゃん」ですからやっかいです。山﨑さんは、赤ちゃんの「知覚の流れ」がわかれば、そして、そこに「質的な転換点」のようなものが発見できれば、それは「発達する当事者」にとっての「一人称の発達」を記述したことになるのではないかと考えました。つまり、「知覚経験の質的転換」として発達を語る可能性ですね。

これはぼくが函館のシンポジウムのときにふれた自分自身の体験とも重なります。ぼくが「函館」というはじめて訪れる街の中を、忘れ物を取りに行くためにぐるぐる自転車で走っていた時に、最初はそれぞれ別々の場所、別々の時間に体験し、バラバラだった風景が時空的に秩序化されて、つながり合って、自分のまわりに函館の街の広がりがパアーっと広がった瞬間があるんです。函館の街がぼくの身体になった、そんな感じでした。そのとき、ぼくは周囲の人から見たら、自転車に乗って走っているだけの人です。でも、ぼく自身に起こっていたことというのは、街とぼくとの「新たなつながりが生まれる」ということであり、それは「知覚の変化」であると同時に、「ぼくの身体の変化」でもある、そういうこととして「発達」は描きだせるのではないだろうか、そして、その一番原初的な過程を山﨑さんは観察して、あのようなかたちで表現したのだと思うのです。

佐々木　同意します。いや、だから、細田さんは自転車で函館を一日で回って、函館全体に定位したわけですけれど、脳卒中の患者さんの場合はおそらくその時間は一年以上、ずっと長いわけでしょう。自分の家だけでも何年もかかる。おそらくうつ状態からの回復だったら、さらにもっとかかって周囲がやっと見えてくるなんてことだってあるわけです。おそらくどこでもそういうある種の場所への定位感が変わるようなことが運動発達のベースにあります。

細田　それと関連させつつ「意図」の話に戻りますが、ぼくらは他者の行為を観察するとき、それを「ある行為」として理解しなければなりません。それが「ある行為」として、ひとつのまとまりをもつためには、そこに「ある意図」を読み込む必要があります。そのためには、私にとってもリアルに知覚でき、行為者にとってもリアルに知覚されているような環境側の区切り、つまり、アフォーダンスをもとにして行為を記述し、かかわっていきます。相手が乳児の場合には、往々にして、こちらの「読み込み」とはズレたりするのですけれども、それでも持続的に「こういう意図だろう」と読み込んでかかわることによって、赤ちゃんもだんだんぼくらと同じものを知覚できるようになり、ぼくらの文化の中に入ってくる、というようなことをエドワード・リードも『アフォーダンスの心理学』の後半の章で書いています（Reed, 1996　邦訳三一二―三一七頁参照）。

それはぼく自身が修士論文で「砂場の行為の研究」に取り組んだときに体験した戸惑いとつながるんです。「砂場の行為」の発達過程を記述しようとしたのですが、「砂場の行為」はまったく記述できなかったのです。

ある子どもが「穴を掘っている」ように見える。だから、ぼくは「Aが穴を掘っている」と書く。ところが、ずっと見ていくと大きな山ができてしまった。だから、Aは「穴を掘っていた」のではなく、「山をつくっていた」のだと判断する。でも、最初はやはり「穴を掘っていた」のかもしれない。それがどの時点からか、「山をつくる」に変わった。おそらく「穴を掘った」あとの砂を置いたところにできた「山」のほうに興味が移って「山をつくる」ことへと移行したのでしょう。でも、その決定的な転換点が観察者には見えないのです。

実際、どのような行為であれ、ある行為を行う際には無数の情報が現れている。そして、その中のどの情報に注意を向けて行為を組織化するのか、それはあらかじめ決定されているわけではありません。行為はつねにそういう自由な、多様な可能性に向けて開かれています。それは「行為する主体」にとってもそうですし、「観察する側」にとってもそうです。そこにズレがあることでインタラクションや学び合いの多様な展開が生まれます。また、ぼくらが「文化」と名づけているものがインタラクションにおいて調整機能を発揮するのもまさにそうした場面だと思います。

「一人称の語り」と「三人称の語り」には往々にしてズレがあるのですが、そこを明確に意識しないで重ねてしまう単純化により、行為の創造性が見えなくなってしまいます。そこが重ならないということを意識したていねいな記述が大切なのでしょうし、生態心理学の行為研究の難しさもそこにあると思います。

「一人称の行為」と「三人称の行為」がズレることがおそらく文化的な創造性を生んでいるのですけれども、研究に落とし込んでいくときには非常に困難です。研究するためには対象としての「行為」を区切っていかなければならないのですけれども、観察者の区切りと行為者の区切りがズレてしまうのです。

染谷　行為している当人自身であっても、ある行為がそれとは別の行為へと移行する区切りがどこにあるのか、おそらくわからないのではないでしょうか。細田さんの話をうかがっていると、行為記述の困難さを感じます。行為を生け捕りする記述をするには、ある時、生け捕りしたつもりの記述をしてもそれは十全になされていないということを自覚しながら、やるしかないということですよね。あるいは、生け捕りなどできないと言ってしまっていいのかな。ホルトや哲学者が追求しようとするのは、やはり行為の必要十分な定義だと思うのです。でも、行為が起こっている場面をていねいに見てみると、とくに言葉による報告をしない赤ちゃんや動物の身体の動きを見ていくと、三人称的な記述の原理的限界みたいなものに気づかざるをえないのです。それは仕方のないこととして了解するしかないのでしょうか。

細田　たとえば、ぼくたちはいま何をしているのでしょうか。ここで「座談会をしている」と書ければわかりやすいですね。でも、じつは隣の部屋には赤ちゃんを寝かしつけようとしている女性がいて、ぼくたちの声はその赤ちゃんの眠りを妨げているのかもしれません。その場合、外部の観察者にとっては「彼らは赤ちゃんの眠りを妨げている」という記述の仕方もありうるわけです。また、このメンバーの誰かは「ここで座談会をすれば、隣の赤ちゃんの眠りを妨げることができる」ということがわかっていて、「赤ちゃんの眠りを妨げる」ために今日の座談会に参加しているとすれば、「座談会にかこつけて、赤ちゃんの眠りを妨げている」ということのほうがその人の行為の記述の仕方としては正しいことになります。このようなことを哲学者のアンスコムが『インテンション』(Anscombe, 1957) という本の中で論じているのですが、ホルト (Holt, 1915c) もたしか似たようなことを書いていましたね。

染谷　行為が何に特定的かを理解しようとして、行為者が思い浮かべていることを尋ねても役立たないという記述ですね。本人に尋ねてもあてにならない。でも単なる観察で大丈夫かとも言いきれません。行為の特定性を見極めるには、じっくりその行動を観察しなければなりません。窓の側を通り過ぎたから、彼は窓の側を通ることをしてるのか、いや、そうではなくて、駅に行く行為をしている。でも本当に駅に行く行為をしているのかと言えば、そうではなくて、列車に乗って、とある目的地に行こうとしている。その目的地に行って、商談と契約をしようとしている。いや契約してさらに……こうやってたどると、行為は、時空的にとても離れた環境内の対象に特定的であり、ある定点や落としどころは単なる休止点でしかなく、特定的行為の対象はどんどん先延ばしされます。さらに先の話のように、行為と行為の区切れ目が、第三者にとっても、おそらく本人自身にとってもクリアカットでないとすれば、ますます行為を十全に記述するのは困難になります。居心地が悪いです。しかし、わかりやすさではなく、行為の創造性のほうを逆に強調もできますね。

細田　コピーライターの糸井重里さんがどこかでこんなふうなことを言っていました。「ハワイに行く日には、いつもの駅までの道もハワイの旅の一部である」と。駅まで歩いていく行為は毎日同じなのですが、その行為が「ハワイに行く日の朝」であれば、ハワイに行く行為の一部になる。つまり、いつもと同じ環境に適応するための多数の意図群が、ハワイへ行くという意図のもとに、再組織化されているわけです。そうした多数の意図のどこを他者と共有するかということにおいて、その行為の描かれ方、記述の仕方は変わります。しかし、それが私たちの現実の奥行や学び合いの可能性をつくりだしているのです。

佐々木　ぼくは、行為をどう記述するかという哲学的な問題よりも、糸井さんがなぜハワイに行くんだろうっていうことのほうが本当は深刻な問題だと思うけれどね（笑）。

2　ギブソンが生きた時代の哲学

実在論のおけいこ

佐々木　ではパート2ということで、染谷さんの発表をめぐる議論にいきましょう。うんと視野を広げたい。哲学のお勉強ですね。まず野中さんの質問からいきましょうか。

野中　はい。染谷さんの発表で、「現れ」、アピアランスの問題、ということが言われていて、それとの関係で、ギブソンの刺激の存在論について話されていますが（三九―四四頁）、その、アピアランス問題というのは具体的に、何の問題なのか、どういう問題なのか、ということと、それに対して、ギブソンの理論がどういう示唆をもったのか、というところをうかがいたいと思います。

染谷　二〇世紀の初めの英米系の実在論論争の中では、認識問題の一つとして、実在と現象との関係が問題化されています。たとえば知覚経験を哲学的に反省してみると、私たちが所与しているのは現象――現れ、appearance――だけのように思われます。このペットボトルは、観察点のパースペクティヴに応じて、それぞれ異なる見え方をします。この見え方を、アピアランスと考えてください。しかし、私たちが知覚的に知るのは、アピアランスではありません。この机の上にあるペットボトルやその性質であり、個々の事物や出来事です。ペットボトルが実在だとすれば、私たちにはアピアランスしか与えられていないのに、どうやって実在するペットボトルを知ることができるのか、ということが認識論の問題となるわけです。

知覚経験は、所与を越え出た対象にかかわります。こうした特徴は「自己超越性」とか「志向性」と呼ばれます。実在論的な主張をする論者にとって、知覚経験の自己超越性や志向性は難問になります。認識者の体験している所与を越え出て、どうやって対象を射止めることができるのか、射止めるためにはどんな条件や能力を認識者にもたせなければならないのか、検討されるわけです。

アピアランスは、いろんな呼び方をされました。idea, impression, sensation, percept, presentation, representation などなどです。これら経験の所与物は、主観的でメンタルなものとずっと考えられていました。いろいろと細かいちがいはありますが、哲学的認識論では、知覚経験は、これら主観的でメンタルなものを元にして、知られる対象の存在を構成することであるという見方が一般的でしたし、今でもそうです。ここで、認識主観を越え出た実在を否定して、宇宙はすべて主観的でメンタルな観念による構成物だと考えれば観念論になりますし、不可知であれ、あるいは間接的にしか知られないのであれ、何かそうした実在があるだろうと考えるなら実在論になります。けれども、認識を超越した実在を認める・認めないにかかわらず、所与が主観的でメンタルであることは疑問視されてはいません。

ここに風穴を開けたのが、二〇世紀初頭、英国ではアレクサンダー、ラッセル、ホワイトヘッド、米国ではホルトらの新実在論のグループでした。ここは函館で話をしたとおりです。新実在論が言い始めたのは、アピアランスは主観的でもメンタルでもないということです。アピアランスは、モノの一部であったり、モノの側面であったり、あるいはモノそのものと同じような存在のステイタスをもつのだと主張し始めます。だから、ホルトは、知覚的錯覚も、エラーではなくて一つの経験として認めてしまえという大胆な提案もするわけです（Holt, 1912）。ある条件下で楕円に見えるなら、見えている楕円性質は、円である物の性質の一部分なのだというようにです。あるいはラッセルは、はじめはセンスデータというメンタルな所与を仮定して知覚経験の話をしていましたが、そのうち、センシビリア（sensibilia）という、認識者の外部に存在する「可能的な」センスデータ、言い換えればセンスデータになる潜在性をもつものを仮定しました。ぼくが今は目にしていない、このペットボトルの裏側や机の裏側は、視点を動かせば、所与することのできる潜在性をもったセンスデータから成り立っています。ラッセルの考え方では、センシビリアが空間中に充満しているはずです。また時代は二十世紀から少しさかのぼりますが、ベルグソン（Bergson, H.）も、センシビリアの代わりに「イマージュ」という概念を用いて、ラッセルと似たような発想をしています。アレクサンダーやホワイトヘッドではさらに大胆に、可能的なアピアランスを所与できる存在者を、人間や生物に限定しません。宇宙に存在するものすべてが、自分のアピアランスを相手に対して与え、相互に自分を相手に映し出している、そんな世界観、宇宙論を提示しています。まとめるなら、知覚経験の所与であるアピアランスを、主観的でメンタルな領域から解放する運動が、少なくとも二十世紀の始めに生じました。意見のちがいはあっても、この時期の実在論運動に共通していたことです。ギブソンの生態光学の発想も、こうした実在論運動の文脈に位置づけることができるのではないかとぼくは考えています。

佐々木　モノが、センシビリアをもっている？

染谷　持っています。センシビリアはモノではないですが……。

佐々木　環境自体が知覚しているってことですか？

染谷　そうです。

佐々木　ブツとブツでですか？

染谷　これは細田さんのほうが詳しいと思いますが、ホワイトヘッドの考えでは、アクチャル・エンティティ（actual entity）という存在者の単位、出来事があって、それらがお互いに宇宙にあるものすべてを映し合っているんです。

細田　たとえば、〔コップを指差しながら〕これは温度を下げると冷たくなり、上げると温かくなりますが、それを、この「彼」の知覚として捉えるのです。

佐々木　えっ、「彼」？

細田　いえ、「彼」ではなく「コップ」。「コップ」の知覚です。

佐々木　ホワイトヘッドは「彼」と言ったのではないでしょう？

細田　はい。「彼」とは言っていませんが、「物理的なモノ」もある種の「主体」として捉えたのです。「物理的なモノ」は従来の物理学では、受動的に作用を受けて変化するものとされてきましたが、ホワイトヘッドはそれらも能動的に世界をつかんで変化するとみる新しい科学の枠組みの可能性を考えたのです。

佐々木　それは楽しいですね。

染谷　抱握っていう難しい言葉を使います。

細田　原語では「プリヘンジョン（prehension）」です。「アプリヘンジョン（apprehension）」からア（a）がとれた言葉です。人間はプリヘンジョンしていることを自分で自覚している、反省的な要素が入るから、ア-プリヘンジョン。

染谷　ペルセプション（perception）知覚と、アペルセプション（apperception）統覚と同じですね。

細田　この宇宙に存在する、無数の存在物は「プリヘンジョン」し合っている。つまり、とくに自覚しているわけではありませんが、自分以外の全宇宙を「プリヘンジョン」しながら、そこに存在している、ということです。

佐々木　多神教みたいですね。ぐっと、世界が広がるね。うーん。

染谷　そうです。だから、パーセプションは、生物だけがするのではないという思想も出てきました。

佐々木　アピアランスを外化したら、すごいのですね。広がりが。

染谷　二十世紀初頭の実在論のムーブメントはアピアランスを心的なものでなくする格闘をしていたと思うんです。あるいは、観念を頭の外、心の外に出したと言ってもよいかもしれません。ぼくは、そういう流れの中で、ギブソンの生態光学を捉えています。生態光学は、インフォメーションを媒質の中に潜在しているものと考えた。センシビリアとかイマージュは、さしあたっては物理学との連続性を検討されてはいません。ラッセルはそのようなことも考えていたらしいですが。けれどもギブソンの場合には、高次の光学として、あるいは応用光学として、きちんとアピアランスの存在場所を媒質の中に位置づけています。包囲エネルギーには構造やパターンがあって、それが情報という、知覚にとっての潜在的な有効刺激になります。環境の事実を教えてくれる情報は、たしかに体を動かして動物が探し出さなければならないものですが、探し出す以前に、環境の媒質中に、空気中に潜在しています。すでにある光学理論、科学とも整合性を保つことができるような仕方で、アピアランスを生物の側にではなく、環境の側に位置づけたのが生態光学です。だから、函館でも話したように、このようにギブソンを哲学史の中に位置づけることができるなら、生態光学を発想する背景には、二十世紀の実在論運動の影響があったのではないかと思うのです。生態光学のアイデアが出るには、網膜上の肌理の勾配からさらに一歩、かなり大きな飛躍が必要です。大胆な冒険です。

佐々木　すみません。ライプニッツのモナドロジーは今の話と関連がありますか。十七世紀だから時代がちがいますよね？

細田　時代はちがいますが、基本的な構図は同じです。ですから、そうした発想のひとつのルーツであるとも言えるでしょう。ギブソンが考えた媒質中を充たす無数の可能な観察点はまさに全宇宙を映すモナドですね。

佐々木　ではライプニッツは、モナド同士がペルセプションしていると言っていましたか？

細田　はい。ペルセプション（perception）と言っていました。この言葉はライプニッツでは「知覚」ではなく「表象」と訳されることが多いのですが、語源から言えば、「完全につかむ」という意味です。また、哲学史的にみると、十七世紀には大きく分けて二つの空間のイメージがありました。ひとつはデカルト＝ニュートン的な空虚な座標としての空間のイメージ。もうひとつは、ライプニッツ的な全宇宙をペルセプションし合う無数の能動的個体が充満した空間のイメージです。ギブソンはこの後者の空間イメージを現代科学とも整合するようにバージョン・アップしたと言えるのではないでしょうか。

佐々木　ライプニッツはともかくとして、つまり、ギブソンに先立つ時代に、ウィリアム・ジェームズの後継者達といいますか、その同時代の周辺というか、アピアランスをベースにした、今から考えるととても強いリアリズムの流れがあったわけですね。生態光学の背景を考えると、それは非常に驚きです。でも同時代に、その人達が、身体のことをどう考えていたかということが気になりますね？

細田　現象学とエコロジカル・アプローチの関係ですね。

佐々木　同時代のヨーロッパの、いわゆる現象学の人達というのは、いま話題にしてきた人たちとの関係では、どんな立場を取っていたのですか？　もし、メルロ＝ポンティでわかるならそこらあたりからお話ししてください。

染谷　メルロ＝ポンティ（Merleau-Ponty, M.）の話にいく前に、まさにそのアピアランス、ドイツ語ではエアシャイヌング（Erscheinung　現象とか現れと訳されます）がもつ、ある種の規則性や構造に着目して、哲学を展開していったのは、現象学の創始者フッサール（Husserl, E.）です。現象学は、エアシャイヌングがもっている変化の規則によって、生態心理学でいうと変化の中で不変項があらわになるのと同じように、対象が知覚され、認識されると考える。これは生態心理学と発想は同じです。ただし、現象学者が生態心理学者と大きくちがうところは、光学の話をしないということです。あくまでも、現れ、エアシャイヌングは、体験されているものであり、意識経験に内在するものです。この意識経験の構造の中にある規則性、いろんなタイプの規則性がありますが、その規則性のなかで、物が見えるためには、人間や生き物が見えるためには、どういう現れ方が展開しなければならないのかをひたすら記述します。見られ、認識される対象の種類や性質に対応して一定の規則的な現れ方があるので、それを記述する。記述といっても、日常言語でやっている記述です。このような規則性は、現象学者にとっては、言葉が意味をもつのと同様に、知覚の「意味」と捉えられています。だから発想としては、アピアランスしか私たちは所与していないのに、どうしてそれを越えた、物や出来事を見たり経験できるのかという点を問題としているので、先に述べた実在論の問題と同じ問題を引き受けています。現象学者が強調するまさに意識がもっている志向性は、アピアランスがもつある規則的な変化によって〈何か〉が知覚されたり、〈何か〉が思考されたりすることを表現する概念です。意識が、自分自身のことを意識するのではなくて、自分を越え出た〈何か〉についての意識であるのは、意識のなかをさまざまなアピアランスが流れ行くときに一定の規則性があるからです。だからアピアランスの規則的な流れは、物や出来事への指示性をもつことができます。フッサールが現象学的な探究によって発見したのは、このことです。

佐々木 アピアランスっていうところで、外の世界と、知覚者の世界が、ひっついているのですね。つながっている。

染谷 つながっているといってしまうと、ちょっとそこは言い方を慎重にする必要があります。現象学は、外の世界を切り離して、いったん存在についての仮定を全部抜きにして、アピアランスがどう変化するかという現象の構造だけを探究するわけです。物が存在する、出来事が存在する、こういう発想を一旦停止——エポケー——して、物があるとぼくらが判断したり知覚したりするときには、どんな現れをぼくらが所持していなくてはならないかを考えています。現象だけに、アピアランスだけに、居座ります。現象学は、事物が構成されたり、身体が構成されたり、人物が構成されたり、もっと抽象的な数的対象が構成されたりするには、どんな現れがぼくらの意識に流れることになるのかということを、ひたすら記述していく科学なんです。

佐々木 さきほどのホワイトヘッドやライプニッツなどの、世界にあるもの自体が知覚し合っているという考えとはだいぶ発想がちがいますか?

染谷 ちがいます。

佐々木 ぜんぜんちがうのですか?

染谷 はい。現象学は、むしろ存在論を抜きにして、意識経験の中にある、意識の内容の記述をひたすらやっていったときに、その内容から、たとえばこっちから見ればああ見える、こう見えるという内容から、こういう形態のものがここにあるということをわたしたちは把握すると考えます。現象に寄り添います。その現象をつくっている包囲エネルギーや物理的条件の話はすべて抜き去ります。

野中　それはたとえば、なにかがモノの後ろに隠れるときに、後ろに隠れるものの表面の肌理がシステマティックな仕方で見えなくなっていくというような、そういう話ですか。

染谷　はい。もちろん遮蔽の話はしていませんけれど、この箱の向こう側は見えないけれども、向こう側があるということをどうしてぼくらは知覚できるのかということは、フッサールも検討しています。そして箱の裏側は想像や思考によって補われているのではなく、身体の運動と対応した現れの変化の仕方が、見えない向こう側を意味すると考えるわけです。箱の手前側を見ているときには、その手前側の現れ自身が、身体をこれからどう動かせば箱のどんな現れがこれから見えてくるかをあらかじめ指示している。そんなふうに、今体験しているアピアランスには無数の可能的なアピアランスが繋がっていて――これを現象学のジャーゴンで「地平」と言います――ぼくらの身体運動はこの地平（どう見えてくるか）に動機づけられています。現れの内部に今後どんな現れが展開していくかが示されているから、それをたどっていければ、見たいものが見えるようになるという発想です。遮蔽概念は使ってないのですが、何かが何かに隠れていて見えなくなることと、シャボン玉みたいに消えてしまって見えなくなることとのちがいも、現れ方のちがいとして記述されます。

野中　ギブソンが言うところの情報の記述とはちがうんですか？

染谷　現れは、ギブソンのように、環境内に利用可能なかたちで存在するものではありません。少なくとも現象学者はそうは考えていない。先ほどの遮蔽の記述もあくまでも意識内容の記述です。あるいは、意識を流れていくアピアランス、現れの記述ですね。

佐々木　身体の記述でもないのですか？

染谷　現れの記述は身体の記述でもありません。身体も同様に、現れの一定の規則性から、自己の身体や他者の身体がどう現れてくるかが記述されていくわけです。意識内容の記述をしていったときに、自分の身体が現れるためにはどんな現れが体験されなくてはいけないのか、たとえば、自分の身体の視覚的現れであれば、視野の下のほうから手足がニョキニョキ出ていて、頬骨の辺りが見えるけれども、耳の辺りは見えませんよね。背中も見えない。だけど、たとえば、前に移動すると、目の前の物が大きく見えてきて、後退するとそれが小さく見えるようになる。ほとんど生態心理学の移動を制御する包囲光配列の変化の記述と同じです。私の身体は、身体を運動させたときに生じる現れの変化と一緒になって、常に「今、ここ」という活動のゼロポイントとして現れます。私たちが身体的存在であることを知ることができるのも、ここでは、視覚に限っての話でしたが、現れの規則性を通じてのことです。知覚しているときに風景の見え方の変化から、自己の身体の現れを、自己の存在を知ることができます。

佐々木　セルフ論的なものですか。

染谷　そうですね。自分の身体がどう現れるかという現象の記述をやっているわけです。

佐々木　フッサールがどう言っているかは別にして、染谷さんは、それはインフォメーションの記述と言ってもいいと思いますか？

染谷　言っていいと思います。

佐々木　ふーん、そうですか。

染谷　ただ現象学者はそうは言わないし、考えない。

佐々木　ギブソンの描いているインフォメーションとちがいがあるとすれば、それはどのような点ですか？

染谷　インフォメーションは、知覚する主体と独立に環境内に存在するものです。現象学者の想定している現れは、そのようなものではありません。体験される主観的なものです。現象学者は、現れ・アピアランスを外在化しません。それに、先ほども言いましたけれど、既存の物理学とか、他の科学との接続をもった仕方で、サイエンスとして生態光学のように現れを分析して展開する気はおそらくない。そうではなくて、一定の存在論を前提にするサイエンスがはじまる以前の段階で、ぼくらの世界理解や世界把握がどう行われているのかをひたすら記述して了解しようとします。だから、フッサールは、科学が成立するための、われわれが元々もっている根源的な経験の構造を明らかにして、経験のなかから物や身体や他の人格者が立ち現れる様子を明らかにしようとしたわけです。物や物質や身体を自明な存在とは考えません。発想としては、現象学が基礎にあって、そのうえに、サイエンスが立ち上るというふうなんです。だから、生態心理学がいくら現れをインフォメーションという概念によって精緻に分析するとしても、光エネルギーの差異構造が媒質中にあるという考えは、光エネルギーの存在、特定の物理的存在を前提にしているからダメだということになります。特定の存在を前提にしないでもっと無前提なところから始めれば、われわれの経験に舞い戻らざるを得なくなります。どんな現れの規則性から、光エネルギーという存在を経験——この場合は「思考」と言ったほうがよいかと思いますが——できるようになるのか、インフォメーションという存在が構成されてくるのかの問題を、おそらく現象学者であれば考えることでしょう。

現象学者にとっては、インフォメーションは知覚経験を支える資源ではなくて、知覚経験から構成された説明概念です。そうした発想では、現象学と生態心理学とで知覚を分析しているとは言っても、分析態度がまったくちがいます。現象学者は、生態心理学という知的営みや知識生産が行われるためには、知覚経験にはどのような条件がそろっていなければならないのか、現れの規則性や構造がどうなっていなければならないのかを明らかにしようとしている。だから、知覚経験を解明する論理階型が、現象学と生態心理学では、そもそも異なります。自然主義の立場を取る哲学者を除き、哲学は科学の知識批判／認識批判（生態心理学も科学的知識の一つです）を仕事とする、そんなイメージを哲学者はもっていると思います。これは現象学者も同じです。佐々木先生の第一の質問に戻ります。このような現象学の態度とメルロ＝ポンティとを比較するならば、メルロ＝ポンティは少し変わっています。

メルロ＝ポンティと『行動の構造』の特異性

染谷　メルロ＝ポンティを読み直して、あれっと思ったことがあります。メルロ＝ポンティは一九三八年に『行動の構造』（Merleau-Ponty, 1942）という本を書いています。一九四二年の出版ですが。先日、河野哲也さん〔立教大学教授。哲学者〕からもお話をうかがったんですが、この本の中では、「現象学」という言葉が出てくるのは、ほんとうに最後の章だけ、第四章だけなのです。誤解を覚悟で言えば、全体の四分の三は、オーソドックスな意味での現象学ではありません。『行動の構造』のほとんどの内容は、それこそホルトとの親近性もある内容です。行動を考えるときに、行動の内部機構や生理的反応の考察をすればよいという還元主義的立場、反射で行動を説明する反射学説を徹底して批判し、行動が環境との関わり合いの文脈のなかでしか画定できないとする点がとても類似しています。「ゲシュタルト」という概念がキーになっていて、行動を引き起こす刺激には布置とかリズムとかパターンという構造があること、行動を構成する身体各部の運動の組織化にも構造があること、そして、身体と環境とが相互作用をし合うときに、一定の動きがつくられるという意味での環境と身体の関係にも構造があること、さらにその構造が社会制度や歴史の構造も形成すること、これらを全部ゲシュタルトという概念を用いて捉えようとします。生物学的な行動の単位が統合されて、より高次の行動の単位、たとえば記号を使う行動が創発することや、行動が階層性や入れ子性をもっていることへの考察もあります。だからホルトと非常に似た側面が多々あります。

ところが、第四章、最後の章で心身の関係と知覚意識の問題が扱われると不思議な話が始まります。カント的な批判主義の立場、知覚的に何かを認識することは、意識が認識対象の存在を構成する条件を分析する立場だと考えてもらっていいのですが、そういう立場に対してメルロ＝ポンティは批判的だと思っていたのに、彼独自の修正を施した意味でですが、そうしたカント的な認識論哲学の伝統に乗っかった認識批判を始めます。先にも説明した、現れ体験の規則性を記述する現象学を始めるのです。新しい意味での批判主義をやりましょうという主張が出てきて、意識体験に立ち戻りましょうと宣言している。

こうして最後の章で、初めて「現象学」や、「実在を構成する意識体験」としての知覚という言い方が登場します。たとえば、「哲学は、この現象という主題を守る限り、現象学、すなわち宇宙の場としての意識の財産目録となるはずである」（Merleau-Ponty, 1942　邦訳二九七頁）とか、「実在の世界がその特殊性のままに構成される根源的経験の一つの典型としての知覚に立ち返るためには、意識の自然的運動を逆転させることが必要となる」（Merleau-Ponty, 1942　邦訳三二七頁）とか。超越論哲学、実在を構成するような哲学を批判しながらも、でももう一度新しいモードで取り込もうとしている。

メルロ＝ポンティは『行動の構造』を書いているときは、フッサールを読んでおらず、おそらく執筆途中で読み始めて、何か気がついて、最後の章だけそれ以前の章とは異なる態度で考え出して書いたようなのです。『行動の構造』は『知覚の現象学』（Merleau-Ponty, 1945）の副論文として一九四二年に提出されますが、メルロ＝ポンティの解釈者のなかでも『行動の構造』と『知覚の現象学』との接点はそれほどすっきりしていないようです。解釈者によって二つの著作の連関をどう考えればよいかにコンセンサスがありません。『行動の構造』では、意識は、心的実在や行動の原因ではなく、人間と環境とが織りなす関係と考えられていたのに、最後の章で、そして『知覚の現象学』では、存在を構成する根源的なものに変化している。『知覚の現象学』では、さきほど一人称の観点からの記述という話が細田さんから出ましたが、体をもった主体としての一人称の〈私〉がどんな経験をしているのか、身体をもって生きる主体の知覚意識の記述的分析が始まります。たとえば……。

佐々木　身体感覚ですか？

染谷　はい。たとえば身体図式ですね。典型的なのは、手足を戦争で失った人の幻影肢体験の記述があります。もはや存在しない手足にも痛みや痒みを感じる。これはどうして起こるんだろうかという……フッサールの場合に記述される意識は、物を純粋に認識する主知的意識に偏りがちでしたが、メルロ＝ポンティが記述するメインの意識は、認識よりも、環境のなかで生きて活動している身体の意識です。幻影肢現象でもはや存在しない身体に感じる痛みや痒みは、手足を失う以前にもあった現象的身体が手足を失って顕在化した現象と再解釈されます。医学や生理学が対象とする物理的身体とは別に、ぼくらが慣れ親しんで通常生きているのは現象的身体だという発見は大きな功績だと思います。主観の記述も、思考を専らとする延長しないデカルト的な精神ではなく、延長をもち世界内の事物と因果関係をもちながら、それでいて体を動かすことが「できる」自由をもった主体と捉え直されもします。生きている身体は、物質的でありながら主観的・主体的でもあることが発見されます。一人称的な身体感覚、あるいは身体図式、あるいは身体の現れの記述をするという点は徹底しています。しかし、今度は逆に『行動の構造』の中でなされていたような、反射や刺激がもっている、布置とか、構造とか、パターンとか、リズムといった、生き物を取り囲む環境の特徴づけや、有機体と環境との関係がもつゲシュタルトの記述は、むしろ『知覚の現象学』では減っています。

メルロ＝ポンティの身体論では、現象学的観点、身体の意識経験の記述という観点はブレてはいないと思うので、ホルトのように神経系の機能を運動の統合と見なす話は『知覚の現象学』ではありません。身体は意識される対象であるとともに、意識する主体であるという曖昧さをそのまま許容する議論を展開するのが『知覚の現象学』です。今日の野中さんの発言に引きつければ、神経からの同一な命令で同じ動作ができるわけではないという指令モデルを批判する話は『行動の構造』の中にも出てきます。でも、そういうかたちの科学的な身体探究の批判は『知覚の現象学』の中にはむしろない。

佐々木　同時代として、やっぱりパブロフとか、ワトソンとか、いわゆる反射学説といいますか、そういうものが、世紀の変わり目のところで大きな影響力をもっていて、それに対して、アメリカの初期の行動主義、ニューリアリズムの行動主義、それから『行動の構造』の、初期の頃のメルロ＝ポンティとの間には、ある種の共通性がある。交流があったかということはまた別の話だと思いますけれど、そういう同時代に、フッサールの話とか、さきほどのアピアランスの話といったかたちで、ある種の世界の実在性に対する、強烈な主張があった。ひょっとすると、ジェームズ・ギブソンという人は、その両方の一番強い部分をリンクするような展開をしたのかなと、今うかがっていて勝手に思います。もちろん結果的にということですが。それに比べるとやはり、メルロ＝ポンティの主眼というか力点というのは、だいぶちがうんだなあ。メルロ＝ポンティとギブソンの共通性は、一部では強調されていますよね。いまのお話をうかがうと、やっぱりずいぶんちがいますよね。

染谷　そうですね。メルロ＝ポンティとギブソンの共通性とちがいはきちっと裏づけをしながらやらないといけないと思います。それぞれを突き動かしていた動機けかなりちがうと思っています。たとえば、メルロ＝ポンティは『行動の構造』の最初のところで、どうして行動を主題に選んだかの理由を実存の記述をするためだとも言っています。彼にとっては、行動主義者のワトソンというのは実存主義者だったんだと……。

佐々木　実存は英語でなんて言うのでしたか？

染谷　エグジステンス（existence）です。メルロ＝ポンティの実存の捉え方は、サルトルみたいに、主体的に選択して決断するというよりも、生きていることが実存の運動であるという言い方からもわかるように、生命がもつ特徴を強調する側面もあります。そういう意味で、生き物がもっている主体性のようなものを、現象学的に意識の内容として、あるいは身体的な意識の内容として記述しようとする意図が、現象学に触れる前にも触れた後にも在り続けていたのではないかなと思います。実存という言葉に、人間の生き方や生き様にどれだけ重きを置くかによって、サイエンスとの距離の取り方はずいぶん変わってくるのではないでしょうか。ギブソンはあまりその点は気にしていないようです。もちろんギブソンにもマルクス主義や社会運動と密に関係した時期はありましたが。

佐々木 いやあ、とにかく、とんでもない深みと広さがある話で、このへんのことは簡単には言えませんね。誰かがつめなければならないだろうけれど。これらは同時代ですよね。

染谷 同時代です。

佐々木 いまうかがったことがだいだい同じ一九三〇年代後半のことですね。

染谷 『現代思想』のメルロ＝ポンティ特集（二〇〇八年）の中でも示されていますが、晩年のメルロ＝ポンティはホワイトヘッドの自然哲学からもずいぶん影響を受けていて、意識経験とか身体意識の経験の記述をさらに飛び出たところでの、肉の存在論という、ぼくにはまだ未知の領域に踏み込んでいます。勉強不足でよくわかりません……。

佐々木 お肉（笑）。

染谷 独特の形而上学です。自然を構成している素材の一元性を主張している。自然から、どうして事物や、生き物や、精神的存在が誕生してくるのかを考えようとしていたらしいことは、晩年の頃のことですが、わかっています。だから、メルロ＝ポンティの場合、現象学との距離の取り方がすごく微妙です。ある時期は寄り添っていくんだけど、またある時期は離れたり……。逆に言うと、ギブソンは、現象学的哲学の影響を受けたかもしれないけれども、六六年の中に出てくる言葉ですが、エコロジーは諸科学のブレンドだという表現に象徴されるように、サイエンスとの整合性が新たな分野を開拓するのではないかという野心をもっていたのではないかなと思います。生き物の知覚（認識）と行動を十全にサイエンスできないのは、サイエンスの方法論では原理的には扱えない問題が横たわっているからではなくて、サイエンスが不十分だからという態度です。そこがまあ大きなちがいかなと。

野中　メルロ＝ポンティにとって、世界の知覚っていうものは、実践と結びついているという話はわかりますけれども、知覚は世界そのものの知覚でなければいけないという実在論的な主張はあるのでしょうか？

染谷　知覚された世界について存在論的な主張をどこまでしているのか、ということですよね。実在する世界を知覚していると考えているのかどうか……。

野中　豊かな世界のすべてが一時にまるごと知覚されるのではないというのは当然なのですが、部分や側面ではあっても世界そのものが知覚されるかどうか、こういうことは言っているんですか？

染谷　知覚されるものは、世界のなかにあるものです。世界は物や出来事のように知覚される対象にはなりません。世界にあるものそのものが知覚されると考えますが、「そのもの」知覚であっても、現象学者がこだわるのは、「そのもの」存在と意識の相関性です。それを破壊する主張はしない。環境存在と知覚意識の相関性は常に維持されます。可能的であれ、環境についての意識がなければ、存在が成立しません。リードなら環境の存在と生物の存在との非対称を強調し、あるいはギブソンなら、かならずしも知覚されていなくとも、行動が利用していなくとも、環境の実在性、生物から独立した環境の存在を主張します。しかし、現象学者は、そうした強い実在論的主張はしない。生物がまったく存在しておらず、知覚される可能性が皆無であれば、環境存在について言及することはそもそもできないと現象学者なら考えるのではないでしょうか。実在論を批判する哲学の常套手段は「独断的」とのレッテルを貼ることですが、誤解も込みで、環境の強い実在論的主張をする生態心理学は時に独断的と批判されます。

野中　ベルンシュタインがパブロフ批判をしている部分があって、そこで言っているのは、実験室で形成される連合は恣意的なものだということです。動物は、客観性の世界、客観的な知覚、その客観性の最も重要な基準を奪われている、それは実践である、世界における実践であると。動物は動けないところに繋がれて能動的には何一つできない。ベルンシュタインが知覚をどう考えていたのかという話なんですけれども、二つのことを言っていて、ひとつは世界そのものの知覚でなくてはならない。そうでないと生存競争のなかで生きていけないと。もうひとつ、知覚は世界における実践と結びついている、と言っています。メルロ＝ポンティの話と、ベルンシュタインの言っていた知覚は、いま話をうかがっていて、何か近いという感じがしました。

染谷　実践ができる世界、行動ができる世界でなければならないということは、そうでしょうね。世界そのもの、実在……こういう話はみんな大好きなので、だからいつも哲学者の研究会では議論になることですが、生き物がたとえ存在しなくとも、世界が今あるような性質をもっているのかどうかということを、哲学者のメンタリティとしてどうしても問いたくなってしまう。ところが現象学者ではそうは問わない。世界は、それをどこかで必ず意識するような、あるいはそれと体でかかわるような存在者が対になるからこそ、世界は存在すると言えると考えるのではないでしょうか。必ずしもその意識や身体的存在が人間に限定される必要はありませんが。ぼくは現象学の発想には敬意を払っていますが、現象学とエコロジカル・アプローチとは類似点より相違する点、しかもそれぞれの立場の根幹にかかわる相違点がかなりあると思っています。

アリストテレスと心身問題

染谷　函館にて話すつもりだった、心身問題に対する生態学的アプローチの話に移りましょう。参考にするのはアリストテレスの心理学、霊魂論です。質問があったのは、アリストテレスの霊魂論では心身をそもそも分けないという考え方ですね。

佐々木　アリストテレスは分けていなかった？

染谷　はい。アリストテレスにとってアニマやプシュケーと呼ばれる「魂」「心」は、身体の形相のことです。「魂とは、可能的に生命を持つ自然的物体〔身体〕の、形相としての実体である」（アリストテレス、中畑訳、二〇〇一、412a19-20　六一―六二頁）。形相とは本質です。身体の形相とは何かというと、身体が実現しようとしていること、生きている体がもっている機能、はたらき、能力のことです。体がもっている機能とか能力が現に発揮された状態は、形相実現態（エネルゲイア）といって、まさに心が活動している、アニマがはたらいている状態です。ここでのアニマは、必ずしもデカルト以後のわれわれが考えているような、精神能力を指すだけではなくて、たとえば植物であれば栄養を摂取して体を成長させる能力、それから動物であれば、感覚知覚し記憶し運動して場所を移動する能力、人間に至って思考して推論する理性的能力が入ってきますが、こうした現代では体の能力と見なされるはたらきまでも含む広い概念です。これらすべて身体の能力、生きた身体が発揮する機能をアリストテレスは魂ととらえます。最後の理性的能力（知性）だけは、体から分離できるとの主張もあって、身体の形相という観点との整合性がないのですが、今は細かい解釈や議論をわきにおいておくことにします。心は、ご飯を食べて、栄養物を摂取同化して、成長する生命機能と同じだという見方です。

染谷昌義
〔撮影　ホンマタカシ〕

佐々木　心が生きている（笑）。

染谷　はい。もちろん、はたらきの質的なちがいはあります。けれども、心を体がもっている能力だとする点で、生物にはすべて魂・心があります。植物の身体には栄養摂取と成長する能力しかありませんが、人間の身体には、成長、感覚、場所の移動、思考など、植物霊魂（栄養霊魂）と動物霊魂（感覚霊魂）、人間霊魂（理性霊魂）すべてがあります。生物の階層と魂の階層を相関させる考え方をとるのですね。だから、身体が機械で、純粋な因果法則的な仕方で動いていて、そこにプラスアルファで精神実体が合体しているという発想は、アリストテレスにはそもそもありません。生きた身体とその能力である魂・心は分離できないのです。「魂と身体とが一つであるかどうかを探究する必要はないのであって、それはちょうど、封蝋〔ふうろう。手紙に封をするとき用いる蝋〕とそこに刻まれた印形とが一つであるかどうか、また一般的にそれぞれのものの素材とその素材がそれの素材であるところのもの〔形相〕が一つであるかどうかを探究する必要がないのと同様である」（アリストテレス、中畑訳、二〇〇一、412b6-8　六二頁）。可能的にも能力を失った〈身体〉は死体になります。中世でのアリストテレス解釈の変容もありますが、デカルト以前の段階で、少なくともアリストテレスの生きていたギリシアの時代には、そういう身体や心についての考え方は、取り立てて変なことでもなんでもありませんでした。アリストテレスの霊魂論では、心身関係はそもそも問題とはならないのです。

それが時代を経て、とくにデカルトで頂点になりますが、身体と心を分けてしまった。体は物質の機械的な運動しかしない。色づけではないですけれど、機械の体に心が加わらないと人間的な現象は起きません。デカルトにとって、動物には精神はないので、動物が痛みを感じてもがく動きをしたとしても、基本的に動物機械の仕組みで動いているだけです。体についての考え方が大きく変わると、心についての考え方も大きく変わってしまった。アリストテレスでは心身問題自身が成り立たないような身体観・生命観があって、身体の能力（魂・心）がどのように発揮されるのかがアリストテレス特有の仕方で説明されるわけですね。

この見方は、現代の心の哲学では、機能主義という考え方に近いと言われています。でも現代の機能主義の出自は、アリストテレスとは全然ちがっていて、コンピュータ・サイエンスや情報科学との結びつきのなかで出てきた考え方です。身体と心の関係を、ハードウェアとソフトウェアとの関係のように考える見方です。ソフトウェアとしてのプログラムは、さまざまなハードウェアで作動できます。これと同じように、心は、シリコンチップでも、われわれのような細胞をもった生き物の体でも実現できる機能・はたらきと定義するわけです。たしかに心を、ある構造体の機能と見なし、構造体がコンピュータであれ、身体であれ、それが実現する能力だとする機能主義の見方は、アリストテレスと類似しています。しかし、もう一歩踏み込むと、大きなちがいもあります。アリストテレスは、身体・質料と、能力・形相との独特な結びつきで心身関係が発生しない見方を提示していますが、生物における質料と形相の結びつきは、生物以外の質料と形相の結びつきとは、同一視できない側面があります。

たとえば、細田さんの彫像を青銅で作るとします。この場合、彫像の形相は細田さんの姿形、質料は青銅という素材です。彫像の場合には、細田さんの姿形を浮き彫りにする素材は必ずしも青銅でなくてもいいわけで、木材で作ってもいいし、鉄で作ってもいい。形相と質料の結びつきは弱く偶然的です。これは機能主義の言い分に等しい。では青銅のほうはどうか？ 青銅は、細田さんの姿に作ることもできれば、染谷の姿に作ることもできます。同じ質料である青銅が、異なる形相をもつこともできる。けれども、生きた身体の場合の質料と形相の結びつきはそうはならない。形相を実現する青銅は、「生きている」「生きていない」とは関係なく、同じものであり続けます。ですが、魂を実現する身体という質料は生きていなければなりません。死体という質料では魂を実現できません。だから、生きている身体と生きていない身体は質料として同じではないわけです。

魂が実現するような条件下で初めてその素材が素材であるような、そうした特殊な質料として身体を考えていたところがアリストテレスにはあります。生き物の体を作っている素材と、そこで発揮される能力との関係が、機能主義の考え方とはちがい、もっと必然的で強い結びつきをもっているとも考えられるのです。とすると、アリストテレスでは心身関係は問題とならないですが、アリストテレスにとっても心身問題に似たような問題が発生します。生きた身体と生命のない物質の二元論、つまり、生物と無生物の二元論が、心身二元論の代わりに発生する。生命のある身体・物質と生命のない身体・物質とがどう関係しているのかという問題です。身身問題……生身問題と呼べるかもしれません。

細田　アリストテレスは『魂について』（アリストテレス、中畑訳、二〇〇一、412b10–413a1六三―六四頁）の中で、生物の魂を道具の機能とのアナロジーで説明しています。たとえば、斧がもし生物なら、「切断作用」がその魂＝形相であると。つまり、魂を身体が環境の中で実現する機能として定義したのです。

この環境や身体と一体に実現するアリストテレスの「魂（ソウル）」は、先ほど染谷さんが整理してくださったように、デカルトに至って環境や身体から切り離された「心（マインド）」にまで切り詰められてしまいます。生態心理学者リードも問題にした『魂から心へ（From soul to mind）』（Reed, 1997）の流れですね。その意味では、生態心理学とはアリストテレスが創始した「ソウルの学としての心理学」の全体性を回復し、現代的にバージョン・アップする試みと言えるかもしれません。

佐々木　先ほど、身体の形相とは、身体が環境の中で実現する機能とおっしゃっていましたよね。それは、さっきのプリヘンジョンみたいな感じで、周囲を映し出すことを含むのですか？

細田　「映し出す」というよりも「身体が何であるかは環境との出会いにおいて初めて定義＝限

定される」というイメージです。しかも、その「出会いの可能性」が無限だということを考えるなら、身体の意味はつねに完全には限定し尽くせず、未来の「出会いの可能性」に向けて開かれていることにもなります。

染谷　「可能性」っていうのは周囲の世界と切り結ぶ関係なわけですね。

細田　まさしく、そうですね。

染谷　そうすると、周囲の世界に無限な可能性があることが、その前提なわけですよね。無限のアフォーダンスがあることが。

佐々木　進化論的ですよね。

染谷　生物の進化については、アリストテレスは論じていません。進化の話はしていないですが、能力を定義するときに、たとえば、「見る」という形相の実現を定義するにあたって、見ることを実現させてくれるもの、アリストテレスの場合は色ですけれども、色の本性が必ず発揮されなければならないと言われます。視覚は、色の「見られる」という形相を質料抜きで受容することで発揮されます。ですから、能力という、実現可能性をもつ生きた身体の形相の定義は、こう言ってよければ、必ず環境参照型でなされています。

佐々木　本質はぜんぜん閉じていない。

染谷　そうですね。

細田　アリストテレスは「運動」も二種類に分けています。その分類の仕方もここでの議論に関連してきます。「キーネーシス」と「エネルゲイア」という二種類の運動です。「キーネーシス」とは、「目的が外部にあるような運動」です。たとえば、「東大まで歩く」というとき、「東大」という目的地はその「歩く」という運動の内にはありません。「東大」という目的地に至ってははじめてその運動は目的と出会い、完結するのですが、そのときにはその運動はすでに終わっています。つまり、その運動が行われている間はずっと目的から疎外されている運動が「キーネーシス」です。それに対して、「エネルゲイア」は「目的をその内に含んでいるような運動」です。たとえば、「見る」とか「踊る」というような運動は「エネルゲイア」です。「エネルゲイア」はその運動の内に目的があるような充実した活動であり、これこそがすぐれて人間的な活動なのだとアリストテレスは言います。目的が運動の外部にあり、たんに目的に達するための手段になっている「キーネーシス」のような運動は、物質の移動のようなものであり、あまり人間的とは言えないとされています。

佐々木　エネルゲイアはさっきの山﨑さんのつかまり立ちの話ですね。

細田　ええ、そんな感じです。それ自体の内に目的を含んでいる活動ですね。

佐々木　ベルンシュタインが対象にしようとした、職人の体もそうだ。たしかにそんな感じはします。

染谷　最後になりますが、アリストテレス研究者が、生態心理学者に注目しているという事実を指摘しておきたいと思います。アリストテレス、とくに『デ・アニマ』の翻訳で著名な中畑正志氏の『魂の変容』（中畑、二〇一一）です。この本は、魂や精神という概念の変遷史をていねいに考察したものです。このなかで、心身問題についてのアリストテレス的なヴィジョンは単に時代遅れの考え方だとして片づけることはできないという指摘の後で、その現代的候補として、生態心理学への言及があります（中畑、二〇一一、三二頁）。いままで、生態心理学の研究者からアリストテレスとの親近性が指摘されることはあっても、その逆はまったくありませんでした。アリストテレスの本格的な研究をなさっている哲学研究者のほうから、こちら側に向かってメッセージを寄せてきたということを発見し驚きと喜びがありました。細部には異なる点があるかもしれません。けれども、おそらく心身問題が最初から生じないようなスタート地点があって、そこから体や心を考えることができるのです。それは無謀ではない。アリストテレスはそのもっとも有力な候補です。リードはサイコロジカルな特徴を生物特徴として明確に規定して、マインドではなく、ソウルの伝統、物質的でありながら魂の能力をもつ生きた身体のサイコロジカルな研究の伝統を取り戻したかったはずです。それは決して突飛なことではないのです。

佐々木　では、哲学パートはここまでにしておきましょうか。

3　自在さ、「あらゆるところに同時にいる」

五〇年から六六年へのジャンプ

佐々木　『生態学的知覚システム』（Gibson, 1966）を読み始めてまず印象的なのは、前庭器官の元にあるあの平衡胞の話ですよね。平衡胞というのは、あれは、地面への定位のひとつのモデルですけれども、感覚受容器といわれているものの素性がよくわかる。その後で、平衡胞と身体下面の皮膚接触との共変のことに話が進んで、感覚器官が複数あることの意義もよくわかる。さらにその後で進化した前庭器官の三次元化の紹介になります。蝸牛は要するに、世界の構造の中で三次元への特定性を獲得したという話ですね。定位ということが根本的なことであり、最初から感覚はシステムであったということ、そしてその進化へと、話がよく展開している。よく知られているのは、光学的肌理の構造をピックアップするものとしての昆虫などの複眼と脊椎動物の単眼は一見ちがうけれども、情報を獲得する構造は類似しているというような話ですね。おっしゃるように、それぞれの器官ができた過程を考えると、もう想像を絶するような長期の自然の実験があっただろうと思える。おそらく成立しなかった眼とか、成立しなかった前庭器官とか、そういうものが山ほどあったのだろうということですね。九章の視覚システムの進化はハイライトかもしれませんね。この章だけでも、知覚システムというものが進化の中で情報とどのようにかかわってこういう形をなしてきたかが示されている。

細田　そういう「系統発生的な流れ」とともに、もうひとつ注目されるのは、ギブソンは五〇年では「肌理の勾配」の写真のように静的なものの中にある情報を探して、それで知覚を説明しているのに対し、六六年になると、動きの中に現れてくる情報、流れの中にある情報に光があてられます。「静止」ではなく、「動き」こそが「生きている」ということの一番の基礎にあるとしたときに初めて見えてくる情報です。そういう意味で、このギブソンの「ジャンプ」はダーウィンの「ジャンプ」と正確に重なるわけです。つまり、生物が存在するというのは「静止」ではなく、「環境との持続的な関係形成」であり、それを基礎としたときに、環境と一体になったシステムの進化が見えてくるという流れです。

佐々木　五〇年の本は、感覚の精神物理学ではなくて、知覚の精神物理学を扱っているというのが、通常は言われるわけです。刺激概念を拡大したという言い方は単純すぎるかもしれませんけれども、刺激どうしの隣接性とかそういうことが明確に出されました。その後でギブソン自身が解剖学とか生理学を勉強したと六六年の最初のほうに書いていますね。ほんとに徹底的にサーベイしたのだろうと思います。たとえばウォールズの『脊椎動物の眼とその適応放散』（Walls,

1942）を読んでいる。あれは七〇〇ページを超えるすごく厚い本で、まず、脊椎動物の眼の生理学的要素を押さえ、それから種々の生態学的な環境への適応を検討し、最後に、ヤツメウナギ、魚、両生類、爬虫類、鳥、そして哺乳類とほんとに変な眼をいっぱい調べて書いている本ですよね。一九四〇年代の本ですけれども。ああいう生理学と生態学を関連させる仕事を読み込むうちに、知覚を原理的に可能にすることについて動物の身体に共通することを考え始めたのだろうと思います。ちょっと肌理の勾配だけではいけそうもない、知覚の、といっても精神物理学的なことを引きずっていては無理だろうと、そういう感じをもったのかもしれないですね。

細田　そうなんです。五〇年で気がつくのは、写真が多用してあるということなんです。どれも魅力的な写真で、「たしかに、ここは気づかなかったなあ」と、ハッとさせられる写真ばかりなのだけれども……。

佐々木　写真の五〇年、解剖学を経た六六年ですか（笑）。おもしろい。

細田　そして、七九年になると、もっとダイナミックに動きながら、そうした変化の中にあらわれる不変項、絶えざる流動の中にあらわれる不変なものを表現しようとして……。

佐々木　今度は、絵が変になりますね。

細田　「絵が変」とは……？

佐々木　つまりオリジナルな描き方になりますね。どれも完全オリジナル図版だよ。

細田　もし、この時代にＤＶＤを付録でつけられたとしたら、多分動画に……。

佐々木　なっていた。

細田　なっていたと思うんです。

六六年から七九年へのジャンプ

染谷　ダーウィンそのものの引用とか、ダーウィンって言葉は六六年に出てこないんですよね？

細田　翻訳者の佐々木先生、どうですか？

佐々木　いや、ないはずです。

野中　ないと思います。

佐々木　ダーウィン自体は全然使っていません。

細田　「進化」という言葉は？

染谷　それは使っていますね。「進化」は出てくる。いま言った、いろんな眼があるという、その眼の機能の話をしているところではバークリーが引用されていて、眼の機能を、触覚的な距離を暗示すると考えるのはanthropomorphicだ、人間にひきつけすぎだと言っています。それはまさに、いろんな眼を見ていなければ言えないことです。人間の観点から、視覚ってこういう機能を果たしている、これが視覚の本質だと発想してはいけませんと。

佐々木　人間からジャンプしちゃってる（笑）。

染谷　ぼくの質問は、六六年から七九年のジャンプのところです。函館ではあまりお話をされなかったと思いますが、六六年と七九年の間では、どんなジャンプが起こったと考えていますか？

細田　六六年と七九年を読み比べて、まず気がつくのは「六六年の重さ」、「七九年の軽さ」です。ぼくは最初七九年から読んで、六六年を読んだときに驚きました。あまりにも重くて、ごちゃごちゃしていて、読みづらくて……。そのとき考えたのが、五〇年と七九年の間に六六年を置いてみるとこの「重さ」の原因がよくわかるということでした。五〇年は、やはり「人間の視覚」でした。そして、六六年になると「いろいろな眼」が出てきます。このように「いろいろな眼」が、この同じ地球上で進化してくるためには、そうした進化を支えてきた持続的な構造、不変な構造が生き物の周囲になければなりません。そうでなければ、自然選択は起きませんから。しかも、ギブソンが問題にしているのは「視覚」をはじめとする「知覚」、つまり「環境について知ること」であるわけですから、それにかかわる「器官」や「システム」が選択されてきたということは、生物の側の変化よりも圧倒的に長く持続する環境の側の構造、情報として利用できるような構造があるはずです。

細田直哉
〔撮影　ホンマタカシ〕

そこで七九年では、情報の理論が全面的に展開されたわけです。しかし、一足飛びにそうした情報の理論に行く前に、やはりその間をていねいにつないでおかなければなりません。それが六六年だったと思うのです。その時点までに明らかにされていた諸科学の知見、生理学や解剖学や感覚の心理学などの知見が、これから自分が展開しようとしている情報の理論とどのようにつながるのかをしっかり示し、橋渡しする必要があった。それに六六年では、視覚だけでなく、あらゆる知覚システムを取りあげ、愚直にその橋渡しを行っています。それが六六年の「重さ」の原因だと思います。

このようにして、それまでの諸科学の知見をしかるべき位置に位置づけることによって、諸感覚を能動的な知覚システムとして捉え直すための土台を固めておき、七九年でその知覚システムの中から視覚システムを取りあげ、生態学的な情報の理論を全面的に展開したということでしょう。ここで身体の描き方が別の次元に入ったと感じさせるのは「定位」についての議論のところです。例の「環境に定位するというのは、鳥瞰図をもつというよりも、むしろあらゆる場所に同時にいるということである」(Gibson, 1979　邦訳二一四頁)というところです。「あらゆる場所に同時にいる」ことなど物理的身体には不可能です。それは情報とそれをピックアップするシステムの絡み合いを軸に考えていったときにはじめて見えてくる身体のありかた、定位のありかたなのだと思うのです。

佐々木　学会の時に細田さんが函館の街を自転車で回った話をされました。場所の話が出ましたよね。遊離物は区切れているけれど、場所は区切れていない。だから場所を見るときには、もはや、どこからどこまでということをなかなか言えない。でも動物はそういう場所に暮らしている。あらゆる所にいるというのは、すごく言葉としては変なのですが、自分の家、自分の部屋に住んでいる自分を考えたときに、その意識というものをうまく表現していると思います。いろんな眼の進化があって、知覚システムが進化してきて、その知覚システムを埋め込んでいる身体をもった動物は、生息地と呼ばれる場所に住んでいて、各動物によってニッチや、住んでいる場所がだいぶちがいます。そうすると、六六年で描かれた、柔軟だけれどもまだかたちのある身体っぽい身体と（笑）、七九年で描かれる、場所の中を定位しながら、うろうろしている活動をしている身体というのは、またちょっと雰囲気がちがう。そのちがいがどの程度なのか。

染谷　六六年でも、あらゆるところに同時にいるに近い意見も出てきます。遮蔽の部分で出てくる話です。今日彼女と会う約束をして、粉ひき小屋のところでと言って、部屋のなかで小屋のある方向を指さす。部屋の壁で遮られているけれど、その向こう側を知覚していると（Gibson, 1966　邦訳二三六―二三七頁）。あらゆる場所に同時にいるとは言っていないけれども、少なくともこの部屋にいながら、壁に遮られて見えないランデヴーの場所が知覚できている。彼女と会う場所を隠している遮蔽物を時間をかけて脱遮蔽させていく系列として、世界の広がりが知覚されていると考えていた。

細田　たしかにそうですね。それを極限まで敷衍していくと「あらゆるところに同時にいる」ということになるのだと思います。でも、そこまで行くと納得できない人もいます。ある人と話していたときに「あらゆるところに同時にいる」ことは絶対にありえないと言われました。「だって、いまあなたはここ東京にいるのであって、同時に浜松にはいないですよね」と。もちろん、ぼくだっていま東京にいながら、同時に浜松にいるとは思っていません。「あらゆるところに同時にいる」のくだりでギブソンは具体的にはこう語っているんです。「探索的移動によって景色(vista)が整然となると、家、町、あるいは生息環境全体の不変的構造がとらえられるであろう。隠れたものと現れているものとが一つの環境となる。そのとき、散在したものの下に地平線まで続く地面を知覚でき、同時にその散在物も知覚できる。個体は環境に定位する。それは、地形の鳥瞰図をもつというよりも、むしろあらゆるところに同時にいるということである」(Gibson, 1979　邦訳二一四頁)。つまり、「環境に定位する」ことはふつう、「心の中に地図をもち、その地図の一点に自分を位置づける」ことのようにイメージされているけれども、そうではない。むしろ「あらゆるところに同時にいる」ようなことなのだ、と言っているのです。

ここで言われているのはおそらく、どのひとつの風景(vista)も、それが把握されるときは必ず、自分の身体を含みこんだかたちで知覚されているため、それらが持続的な探索の中で秩序化されるということは、それらが溶け合うかたちで——つまり、「足し算」的な地図のパッチワークではなくて——私の身体自体の拡張として体験される、ということだと思います。この世界と私との関係のひろがりと言ってもいいのですが……。

佐々木　自分のわずかな広さのマンションの部屋で毎日を過ごすとか、自分が勤務している建物の中で何十年間か過ごしているとか、その周辺の半キロ数キロ以内の中で数年いや数十年過ごしているとか、時々は故郷に帰省して、まあかつて住んだ街の中を歩くとか、そういうことも間違いなく情報と言われるような、世界を特定する周囲の変化を使いながら可能になっていますよね。だいたい人は、そういう小規模、中規模な移動をしているし、世界中を回る大規模な移動をしている人もいる。この地球でこちらからあちらへルートが開いていて、その移動を反復して、それを習慣化して、あちこちで人と知り合って、あちこちの美味しいレストランを見つけて。たくさんの山や川の景色を知って。おそらく、七九年のギブソンは、そういうことを言っていたのではないかと思ったのね。視覚の話をしてはいるのですけれども。

「あらゆるところに同時にいる」は、理解する言葉ではなくて、ショックを受ける言葉です。わからないのが普通だと思うのです。けれども環境の中で生きるということの一番コアな部分を、グッと突きつけている。

細田　「実験心理学」はある「限られた持続」の中での「目に見える物理的な身体」と「その周

囲の環境」との関係を記述していくことはできます。しかし、その『持続』とはじつは「生きる」ということそのものです。そうなると本当はどこからどこまでと限定して取り出せるものではなくて、その前後にずっとつながっている。その前後にずっとつながっている「持続」の中で起こる私たちの「発達」を語る言葉はそれまでありませんでした。しかし、ここでギブソンは「学術的な言葉」というよりもむしろ「詩的な言葉」でその事実を語っています。まさにぼくらが体験していることはそういうことだという真実をさらっと語ってしまうのです。そして、情報をベースにした行為研究というのは、そうした持続的な流れの中の一局面としての人間の行為や発達というものに切り込むための糸口なのだということを示唆しているのだと思います。

佐々木　情報とは決まったユニットではなく、入れ子ですからね。それから知覚も同じで、知覚は終わらない ongoing だから。ぼくらは数年単位での自分を語るなんてことも可能です。人生でも、もう十年前は思い出せないとか、三年前ならよく思い出せるとか、相当長いことの意識をもちますよね。そういう意識を前提に他の人と交流しますよね。「三年前にお前は何してたんだ」って尋ねると、「この辺にいたんだよ」っていうふうに（笑）。「あらゆる場所に同時にいる」は、そういう感じなのでしょうね、きっと。場所に対する探索は「あらゆる場所に同時にいる」と言わざるを得ないくらい、徹底的で、周到で、しつこい。周囲を一生懸命に作って、毎日同じことを繰り返している。そういうのが動物なんだよね。だから「あらゆる場所に同時にいる」が七九年の結論だとすると、この本は六六年から飛躍しているといえるかな。

細田　「物理的な身体」、つまり「皮膚という境界をもった身体」だけを考えるのならば、この地球上の一点にいる、少なくともその周囲となんらかの関係をもっているというのが「定位」だけれども、まさに先ほど言った「情報をピックアップし続ける探索の絶え間ない流れの中にある持続」というものをもとに考えていくならば、そのときに私たちがリアルに感じているのは、こういうふうに環境にひろがりゆく身体ではないか。それがやはり七九年の、この突き抜けた「軽さ」というか、ひろがりのベースにあるもののような気がします。

染谷　たとえばね、知覚のプロセスを時空的にどっと広げると、一年間かけて知覚することが有意味に語れるような話になっていくと思うんですよ。今何かを見ているだけではなくて、今から一年後にかけてまで見続けるものがあったんだという。それはそれで非常におもしろい。と同時に、まだ突き抜ける部分が足りないからかもしれませんが、知覚ということで理解していることがずいぶん変わってしまうとも思います。知覚と行為は、途中に区切り目はあるのだろうけれども、一生やり続けることでもある。そんなイメージで知覚や行為を捉えると、「何を見ているんだろう」という問いに、単純に「これ見てる」と答えられないし、「何をやってるんだろう」と問われて「これをやっている」と単純に言えないような、そういう側面が出てきます。

佐々木　あんまりいい例ではないかもしれないですが、たとえばフッサール全集を十年間読み続けている人がいたとして、そのフッサールの書物の中で、自在に、あらゆるところに同時にいる視点をもってしまい、まさにフッサール用の知覚システムになっているという感じかな（笑）。「自在さ」の経験、七九年の「軽さ」。

細田　それは、「不変項」をどうイメージするかという話とも関連しますね。

佐々木　そうですね。大きな不変項はありますよね。長いオペラを丸ごと味わうような（笑）。

細田　あります。

佐々木　地球規模のでかいやつもありますね。

細田　小さくてもいいんです。というか、「不変項」については小さいものをベースにしてイメージしていくとわかりやすいんです。たとえば、このコップをこうしてぐるぐる回しながらいろんな角度から見ているうちにこのコップの「不変項」がピックアップできますね。では、その持続の中でピックアップされた「不変項」はどんな「かたち」をしているでしょうか？　それは横から見たコップでも、上から見たコップでも、下から見たコップでもありませんね。「特定のある視点から見たコップ」のように視点が限定されているわけではなく、むしろ「あらゆる視点から同時に把握している」ような把握の仕方ができたときに、「不変項」がピックアップされたと言えます。

先ほどの「あらゆるところに同時にいる」というのも同じことです。つまり、私たちのまわりにひろがる世界の構造がわかった、その街の「不変項」をつかんだと言えるのは、その街を上から見た地図や横から見た地図を獲得したときではなく、まさにその街について「視点が限定されない」ような把握ができたとき、特定の視点から見た街ではなく、街そのものとのつながりが生まれたとき、その街と一体になってしまったときです。それをどう表現するかと考えたときに、「あらゆるところに同時にいる」としか言えない。つまり「視点が限定されなくなった」ということではないか。そのときにも、もちろん、「いまここにいる」ということはわかっています。「いまここにいる」ことがわかっていながら、同時にみずからの周囲の環境について（もちろん、十分な探索ができている範囲に限ってですが）「視点が限定されないような把握」もできている。情報をベースにして、ある場所への定位ということを考えていくと、周囲の環境がわかったということはそういうふうに語るしかありません。

染谷　体も分身しているみたいなイメージですか？

細田　「分身」というか、「自在」ですね。

染谷　あらゆるパースペクティブを自在に取りうるようになった私ということですか。

佐々木　そうそう、ぼくが東京に出てきたのは四十年くらい前なので、もうその時のことは忘れています。野中さん、数年前にフランスに長くいらしてましたよね。何年くらい住まわれたのでしたっけ？

野中　一年半です。

佐々木　どうですか。パリにいるという自在感はありましたか？

野中　変わったことは事実です。まあ、セーヌ川というパリの真ん中を東西に流れている川があって……。

佐々木　これはナビゲーションの課題でもあります。心理学ではね。

細田　ナビゲーションですか？

佐々木　あちこちにいつでもどこにでも行ける感覚。

細田　ただ、ぼくはナビゲーションだけでなく、手を使った行為、つまり「操作（manipulation)」を含めて自在さを考えたいのです。たとえば、ベルンシュタイン（Bernstein, 1996）の「デクステリティ」（＝巧みさ）という概念がありますが、あれをぼくは「自在さ」と訳したいんです。あるものを自在に操れるようになるというのは、まさにそのものが自分の一部になるような感覚です。自分というものの拡張であり、逆に言えば、そのものを「自分」化することでもあります。あるものが自分の一部になるような感覚というのは、ワンパターンな限定的なかかわり方ではなくて、非常に柔軟で、臨機応変な、まさにそのものと一体化するようなかかわり方です。安易な比喩は慎まねばならないとは思いますが、そうした自在さと、ナビゲーションにおいて、ある場所を自由自在に行き来できるようになるという感覚は、視点の取り方の自在さにおいて共通するところがあるように思うのです。限定的な関係ではなく、そのものの多様性を身体のうちに包摂できるようになった感覚とでも言えばいいのでしょうか。

佐々木　身体にはいうまでもなく物質的な制約がありますよね、絶対的にね。そして、同じように、そのあらゆるところに同時にいるということを成立させている環境にも、場所という制約があります。研究テーマとしてこの場所の与える制約はすごく重要だと思っています。「あらゆるところに同時にいる」が与えられる、ある程度長い時間をかけた反復する習慣化した探索を見ること。小さな子どもが、家のなかのどこへでも行くようになったとき、さらに家の周囲のどこへでも行くようになったとき、この子は、家やその周囲のどこにでもいられるようなかたち、あらゆるところに同時にいるというかたちで周囲を探索するようになっています。いつもある場所へAルートで行って、そのまま帰ってくるというのではなくて、近道したり、ちがう多様なルートを発見する。生活の糧はある限られたいくつかの場所にしかありませんから、生息地にいる動物はそれらのところへ行くルートをどうしてもたくさん探さなければならない。つまり「あらゆるところに同時にいる」はニッチに生きている動物の本性とも関連していることだと思います。

このフレーズは言葉としては矛盾していて驚きなのですけれども、ナビゲーションしているときにわれわれが見ていることを、こう、ポンと表現している。あの、七九年という本はやはりちょっと驚きですよね。生態光学もかなり驚きだけれど。いろいろな驚きが詰まっている。細田さんは、七九年を軽いとおっしゃいましたよね。

細田　そう、「軽い」んです――それをなんと言えばいいのか……。たとえば、リアルな水準、実験可能な水準から切り離されているわけではないんです。たしかに、その水準と地続きなのです。でも、それをそのまま敷衍していけば、こうなりますよねと、ずっとその先の世界が――ときに詩的な表現ですけれど――暗示されていて、それはまさに今までの心理学が描きだせなかったようなものでありながら、日常の実感に深く根ざしている。それはなんというか、ぼくらを包囲している光のただ中に「テイク・オフ」していくような「軽さ」なんです。

野中　細田さんがおっしゃった「あらゆるところに同時にいる」という話は、まず遮蔽との関連で、カプランの実験との関連で、自分と関係なく持続している表面の知覚のひとつの言い方かと思います。自分と関係なく持続している表面というのは、探索可能な表面、探索をアフォードする表面ですよね。それは自分がいずれ、ゆくゆくは取りうる場所、探索しうる場所です。それが実際に「見える」という事実。そういうことを指して、あらゆる所に同時にいると言っているんだろうなと、ぼくは理解していたんですけれども。いま皆さんのお話をうかがって、その示唆するところの広がりというのか、大きさを実感しました。

細田　もちろん、遮蔽関係もそのわかりやすい例ですよね。「遮蔽」の知覚というのはまさに「見えるもの」と「見えないもの」との同時的な知覚ですからね。

佐々木　見えない地平線が見えると言っているわけですよ（笑）。ここ本郷から東京湾が見えるという話だよね（笑）。

細田　でも、それは実験的に示されていることでもありますね。

佐々木　長くここにいるぼくには見えます（笑）。

細田　ぼくらを取り囲む散在する物たちの下に広がっている大地、地平線まで続く大地が自分にうわーっと知覚される瞬間が……。

佐々木　瞬間ではないと思うんだけれど。

細田　瞬間ではないのだけれども（笑）、それが……。

佐々木　じわーっとくる。

細田　まさしくそれが「発達」だという感じなんです。このおもしろさはどこにあるかというと、自分に立ち現れてくる大地というものが、主観が構成しているものではなくて、可能性として常に環境の側にあるということ。それをベースにして自分たちはわかりあえるというところです。ライプニッツの「予定調和」という考え方がありますが、それはもともとそういう意味でした。「予定調和」というのは、英語で言えば、pre-established harmony　つまり「あらかじめ確立されている調和」ということです。調和は主観の側にではなく、世界の側にあるのですね。世界がすでに調和的に構成されているのだから、わたしたちがすべきことはそれを「表象＝知覚

(perception)」することなんです。物体も、肉体も、精神も、それぞれの明晰判明さで、そのひとつの同じ世界をそれぞれの程度に表象＝知覚している。だから、それらが相互に調和するのは当然のことなんです。精神と身体の関係を、それがどう因果的に関係しているかという「心身問題」として論じるのはナンセンスであって、もともと世界が調和しているのだから、それを表象＝知覚しているそれぞれの実体が調和するのはあたりまえだ、というのが「予定調和」のもともとの意味なんです。

染谷　この部屋にいながら、東京湾が見えているっていうことが有意味に語れるし、実際に遮蔽の原理を導入して景観（vista）同士のつながり合いの中でわたしの身体が地理的に東京湾に定位できるのであれば見えていると言っていいというのは、説得力のある話だと思います。でも他方で、突き抜けることができないで、こうした語り方に納得しない人たちが多いのも事実です。ぼくはその人たちの代表ではありませんが、「あらゆるところに同時にいる」も、生息地の中で身体が環境との親和性を身につけていく過程として、もっとうまく語れたらいいなと思います。

細田　「瞬間」の中にではなく、「持続」の中にこそ「ライフ」を見る姿勢です。そのため、ギブソンは「知覚」と「記憶」の間に線を引きません。ここまでが「知覚」で、ここからが「記憶」になるという一線はないのです。「ここ」と「あそこ」がつながったり、「現在」と「過去」がつながったりということはそこからすべて出てきます。われわれの周囲の「情報」とその「持続的な探索」をベースにすれば、「ライフ」はそのように語れます。「名詞」ベースというより「動詞」ベースの語り方、「主語」ベースというより「述語」ベースの語り方になるため、従来の文法構造のもとでは詩的に聴こえるのでしょうね。

佐々木　さて、そろそろ終わりの時間になったようです。本日は、函館の大会で生じたさまざまな疑問について四名で議論を続けました。これを読まれるギブソン理論をよく知っている皆さんにはいろいろな疑問や時には反論も浮かぶと思います。この夏の暑さのせいもあり、熱に浮かされすぎた部分はお許しいただき、この企画が『生態学的知覚システム』という著作のもつ可能性を多くの皆さんと共有できる一つのきっかけになればうれしいなと思います。

二〇一二年九月一六日、東京大学本郷キャンパス 教育学部第二会議室にて収録

Ⅲ部

【座談会】身体論の温故知新
——身体媒質論とプシュケーの学

二〇一四年の九月四日、ふたたび四名の対話者が顔をあわせた。この日はもっぱら、これまでの問題と関連する新しい話題について話しあった。

佐々木　本日は二〇一四年の九月四日です。前回二〇一二年の夏に函館での学会のシンポジウムで、そしてその秋にはそれをひきついで議論しました。今日は、もう一度集まろうということで集まったわけですが、目的は二つあります。

一つは、今年になりまして、ギブソンの後継者というか、ギブソンの晩年の研究会に参加してその後も生態心理学の研究をコネチカット大学で継続してきたマイケル・ターヴィーさんが「触知覚の媒質」という大変興味深いタイトルをもつ論文をセルジオ・フォンセカ（Fonseca, S. T.）さんと発表されました（Turvey & Fonseca, 2014）。われわれの対話を集めた本がこれから出版されることを考えると、このことについて考えざるを得ないのではないかということで、もう一度集まったわけです。

もう一つは、二〇一四年七月に豊橋科学技術大学で第五回の日本生態心理学会が開かれました。学会では、二回目の対談でも話題になったアリストテレスの心理学、アリストテレスの魂の話を京都大学の中畑正志さんにご講演いただきました。すでに染谷さんと細田さんの議論でアリストテレス心理学の概要は話題にできましたが、中畑さんは、長年アリストテレスを翻訳され、いま岩波書店からも新訳で刊行中の全集の編集委員をされています（アリストテレス、内山・神崎・中畑編集、二〇一四）。その中畑さんからじかに話をうかがえたことをふまえて、もう一度アリストテレスについて二か月前の講演を引き継ぐ議論ができるといいだろうと思いました。

それでは野中さんのほうから身体の媒質の話についてよろしくお願いします。

1　身体媒質論

野中　よろしくお願いします。前回の座談（Ⅱ部）では、ベルンシュタインのことについてお話ししました。ベルンシュタインは、からだの設計をとても重く見ました。引っ張ることしかできない筋肉は、伸ばされると受動的に張力を発揮するコラーゲン線維群から成る結合組織によって幾重にも覆われています。伸び縮みするやわらかい筋肉が、非線形ばねのような特性をもつ結合組織と一体となって骨を引っ張って動かすからだのつくりが、わたしたちの「みずから動く」ふるまいにとっていったいどのような意味をもつのかということを、ベルンシュタインはとても気にしていました。

ベルンシュタインは、このようなからだ設計のために、脊髄を介して筋肉に伝わる指令と環境内で起こるわたしたちの動きが一対一で対応しないことを示します。筋肉はそのときの全身の姿勢の状態に依存して、発揮できる力が変わります。そのために、あらゆるからだの動きは、平衡を保つ全身をめぐる「張り」の調整、これをベルンシュタインは「トーンのレベル」と呼んだのですが、このレベルをすべての基礎において考えざるを得ない。この「トーンのレベル」の問題が、今日の話の背景のひとつです。

もうひとつ、前回、ベルンシュタインの仲間だったゲルファントのアイデアについても触れました。ゲルファントは、環境との接触がもたらす結果に向けて、複数の要素が融通無碍に役割を変化させながら、不可分のまとまりをなすようなふるまいの組織について考えました。ゲルファントのアイデアは、複数の要素の活動が周囲の場に伝わるとき、それぞれの要素は、互いに向き合う必要はなく、他の要素の活動が映っている場のほうを向くだけで、多要素システム全体のふるまいに合目的的な組織が生まれる可能性を示唆しました。このような異なる階層間の照応の問題もまた、今日の話で、念頭に置いていることのひとつです。今日は『テンセグリティ』と呼ばれる、さまざまな規模でからだのつくりに見られる原理についてお話ししますが、そこから眺めると、いま挙げた二つの問題をひとつの問題としてつなげて捉えることができるのではないか、という感じをおぼろげに抱いています。

佐々木　その問題が解けそうだということでしょうか、今日のお話は。

野中　広いところを見渡すような、開けた眺めが得られる気がしています。

まず、「テンセグリティ」とはなにかということを、その背景からお話しさせていただきます。テンセグリティというのは、もともとは、建築家でもあり、思想家でもあったバックミンスター・フラー（Fuller, R. B.）がつくったことばです。
たとえば、テンセグリティ構造と呼ばれるものの典型として、こんなオモチャがあります（図3-1）。このオモチャでは、ゴムでできた引っ張り材が、全体をめぐっています。一方、圧縮力に耐える硬い圧縮材は、お互いに固着してはいません。そして、あらかじめ全体が引っ張られていて、応力がかかっている状態で、部材の配列が安定するようになっています。

佐々木　そのオモチャ、売っているのですか？　どこで買うことができますか？

野中　売っています。ボーネルンドショップやアマゾンで買えますよ。フラーは、こういったつくりに、ある種の普遍的な原理を見出しているんです。たとえば、彼はこんなふうに言います。

図3-1　テンセグリティのオモチャ
〔写真提供　ボーネルンド〕

きみたちはみんな、ブロックの上にブロックを積んで建物を建てるという考えに慣れている。……しかし自然を見ていると、自然はこんな建設方法をとっていないことがわかったんだ。そこで私は自問した。「どうやって自然は現実にことを成しているのか？」私にわかったことは、自然はものをその場に支え保つために「引っ張りの力」を――引力といってもいい――使っているということだった（Brenneman, 1984　邦訳一三三―一三四）。

たとえば、フラーは宇宙のことを考えます。宇宙では、引力の海の中に、硬い星が浮いている。ただし、引っ張りの力とフラーが言うときには、必ずしもひとつの軸の上で起こるできごとに注目しているというわけではなくて。たとえば、ロープの両端を引っ張るときには、ぼくはロープを伸ばそうとしています。けれども、このとき同時に、ロープの直径は縮んでいきます。あるいは、水かなにかが入ったチューブの両端をギュッと押したとする。そうすると今度は、押している軸と直交する方向にチューブの真ん中が膨張して、チューブの表皮には張力がかかる。常に「構造」というのは、張力と圧縮力とが全方向、全方位でつりあいがとれている状態である。フラーはそんなふうに言うわけです。

フラーはテンセグリティを、「テンセグリティという語は、〈張力（tensional）による統合（integrity）〉を縮めた造語である。〈テンセグリティ〉というのは、固着していない不連続な圧縮材を引っ張ってまとめる、システム全体をめぐる閉じた張力によって構造体のかたちが安定化するような設計原理のことを言う（Fuller, 1975, p.39）」と定義しています。

佐々木　フラーさんは建築家ですよね。そのアイデアは一九七〇年代に出てきたようですけれども、仲間はいたんですか？

野中　テンセグリティについて詳しく書かれた *Synergetics*（Fuller, 1975）と *Synergetics 2*（Fuller, 1979）という二冊の本が出版されたのは七〇年代ですが、元々のアイデアはもっと古くて、フラーは張力統合という話はいろんなところでしていたようです。有名な話ですが、張力統合をテーマに一九四七年にブラック・マウンテンカレッジというところでフラーが講義をしたとき、ケネス・スネルソン（Snelson, K.）という絵画を学ぶ若い学生がきていました。フラーが翌年もう一度やってきたときに、スネルソンは、圧縮材が固着しないまま、全体をめぐる引っ張り材に埋め込まれて安定する立体模型を作って持ってきた。それを見て、フラーがこれはすごいと。テンセグリティのアイデアが具体化したのはこのときです。あとで特許をめぐって二人は争うらしいですけれど。スネルソンは彫刻家になり、彼が作ったテンセグリティの彫刻はあちこちにあります。

佐々木　大学院のゼミでターヴィーさんの論文を情報理工、工学系の院生の人たちが読んでくれたんですよ。レポートしていただいたときに、彼らの言うには、テンセグリティという言葉は、数年前からららしいですが、かなり流行していて、ロボティクスの構造としてこの用語を知っていたということです。それから、ぼくの知っている例だと、建築家の隈研吾さんが最近出版された本では、必ずテンセグリティを話題にしています。工学系には再ブームっていうのかな、一時期あったブームとは別に今また随分と広がっているようですけれどもね。

細田　そこでは何が注目されているのですか？

佐々木　ソフトロボティクスってわかりますか？　剛体の素材でロボットの身体を作るのではな

く、柔らかい素材で作るという話は脈々とありますよね。そういう流れの中で、構造の話として、注目されているのではないかと思います。隈研吾さんは、ローカルな周囲に埋め込まれている建築を可能にする構造として、「場の張力」と連続する建築の方法としてテンセグリティに注目しています。

野中　おそらく、ロボットとか建築で注目されているひとつの理由は、部材が少なくてすむということがあるのではないでしょうか。しかもたいへん軽い。ロボットでは軽いことはとても重要でしょうから。軽さをはじめとして、テンセグリティには、いくつか特徴があります。まず、張力が連続していて、圧縮力が不連続であるということ。そして、ちょうどテントみたいに、すでに引っ張られていて、応力がかかっていることによって安定している、ということ。もしたるんでいたら、ペシャンコになってしまいます。

ここでは、たるみがないっていうことが非常に重要です。たるみがないので、部分に起こったことがそのまま全体に伝わっていきます。張りがあるので、すぐに変形からも回復します。このオモチャ（図3-1）をこうやって上から押すとつぶれますが、放すとぽんっと元に戻ります。また、階層性もテンセグリティの特徴です。小さなテンセグリティを要素とする大きなテンセグリティ、それを要素とするさらに大きなテンセグリティといったかたちで、テンセグリティは張力で結ばれた階層的なシステムを構成します。このようなシステムにおいては、異なる階層が張力によって結ばれていることで、マクロなスケールで起こる変形がミクロなスケールの変形に直結するような、階層を越えたコミュニケーションが可能になります。

細胞のテンセグリティ

佐々木　それでいよいよ身体の話になっていくわけですね。

野中　はい。佐々木先生がおっしゃったテンセグリティ再ブームというのは、たぶん、イングバー（Ingber, D. E.）という細胞生物学者が提案した細胞のテンセグリティモデルが火付け役ではないでしょうか。イングバーは、一九七〇年代にエール大学の学生だったときに、細胞がペトリ皿の上ではぺたっと平らになっているのに、酵素を入れて皿から離すとぽんっと丸くなるのを授業で見て、その数日後に、立体デザインの授業でテンセグリティについての講義を受けたそうです（Ingber & Landau, 2012）。そのとき、先生がテンセグリティモデルを手で押さえて、離すとぽんっと立ち直るのを見て、細胞はテンセグリティだと、ピンときたらしいです。

佐々木　その細胞を押さえつけていたものは何ですか？

野中　細胞は、焦点接着斑という点を介して、細胞のまわりの基質に接着しています。ちょうど、テントと同じような感じです。下にあるものが硬いとそのまま引っ張られてぺたっと平らになる。でも下にあるものが柔らかいところだと、基質を持ち上げて、丸くなる。生体内では、細胞外マトリクスと呼ばれる基質が細胞のまわりを包囲しています。
細胞をジェルみたいなのが入った風船としてとらえると、なぜこういうふるまいをするのかはよくわからない。けれども実際は、細胞には「細胞骨格」と呼ばれる太さや硬さの異なるタンパク線維群（アクチン線維・中間径線維・微小管）からなる三次元の網目構造があって、細胞の立体的構造を力学的に支える骨組みをつくっています。細胞がちょうど地面にテントをつなぎ留めるように、細胞外マトリクスに細胞骨格をつなぎ留めていて、静止状態ですでに張力のかかった細胞骨格のネットワークによって細胞のかたちがコントロールされていると考えると、こうしたふるまいはすんなり説明できます（Ingber, 1998）。
さらに、外側だけではなくて、内側でも細胞の核がその張力材と結びついています。だから、細胞を引っ張ると細胞の核も同期して引っ張られるのが観察できます。張力がかかっているラインの上に沿うように核が移動するわけです。

佐々木　細胞の中にまで変形が伝わっていくのですね。

野中　はい。「有線で」接続しています。しかもたるみがないので、細胞の周囲の力学的環境から細胞の中まで、遅れなしで力が常に伝わっている状態にあります。連続的な張力のネットワークがあることで、さまざまなスケールでからだが接触する力学的環境について、からだの接点だけではなく、そのはるか深くにある細胞の核もまた「知る」ことになります。そのため、遺伝子の発現といったレベルにも周囲の力学的環境が影響する現象が生じます。周囲の力学的な環境の変化が生化学反応に影響を与える現象は、「メカノトランスダクション」と呼ばれて、たいへん注目されています（Ingber, 2006）。その背景には、部分で起こっていることを全体が知ることを可能にするような、独特の「つくり」があります。

野中　はい。

佐々木　あれ？　ということは細胞の形だけでなく、遺伝子の発現の仕方とか、ホルモンとか、そういうケミカルなものの分布も力学的状況によって変わるということですか？

佐々木　すごい話ですね。

細田　いままで化学的に扱われてきたものが、全部ある種の物理学で、力と力とのバランスで一元的に記述できるということでしょうか。

染谷　今まで細胞の内部で起こっていることばかりに注目していましたが、細胞や遺伝子がどういう場に置かれるかによって、それらの活動の仕方がガラッと変わり得るということですね。

野中　しかもそうした場が階層的に存在している。

細田　ライプニッツの『モナドロジー』（Leibniz, 1714）を読んだ人なら、まさしくモナド同士が互いを映し合うことで秩序が生成することをイメージするでしょうね。

野中　ライプニッツの言う、「モナドには窓がない」という感じがけっこう近いですよね。常に窓から何かの信号や化学物質が出入りして媒介するというモデルだったのが、窓がない不可分なまとまりが直接まわり全体を映し出すっていう。

触知覚の媒質

野中 前回のベルンシュタインの話につながりますが、環境には、重力の極性があって、下には地面があって、外力があって、というふうにその独特の構造がもたらす種々の制約がある。また、わたしたちのからだも、伸び縮みするやわらかい筋肉と結合組織の複合体が骨を引っ張って動かしていて、さらにそのばねのような特性は、からだの活動と環境条件の長期的な履歴に依存して変化します。「やわらかいからだが、地面と空に包まれ、重力の極性に貫かれた環境に置かれるときに起こる出来事」は、どうしても個体内部で運動指令を処方する「まで」のプロセスには閉じ込められないという現実がある。

これとおなじように、知覚についても、感覚受容器への入力「以降」のプロセスと想定してしまうと見落としてしまうような、環境や身体のアーキテクチャーが存在します。

その好例が、ハプティック知覚です。ハプティック知覚とは、からだの組織が押されたり引っ張られたり揺れたり、なんらかの力学的な影響をこうむるときに、それを生じさせたものがなにかを知る触覚です。たとえば、手足の配置ですとか、手にした道具ですとか、からだに触れるものですとか、そういったものを知る知覚です。こんなとき、感覚が生じている場所というのは、注意が向けられ探られている場所とは、おなじではない。ギブソンの『生態学的知覚システム』には、そんな例がたくさんでてきます。たとえば、ギブソンはこんなふうにいいます。「ねじまわしやペンチ、釣竿やテニスラケットに起こる接触をコントロールする原理は、おそらく触角や角、爪の先端の接触をコントロールする動物の能力と変わりはないだろう」（Gibson, 1966, p. 100）。もちろん、わたしたちがねじまわしを扱うときに注意を向けるねじまわしの先端には、感覚受容器はないわけです。

では注意が向けられ、知覚されている対象と対応するような情報というのは、どういった場に生まれているのか。ねじまわしにしても、使うときに接触しているからだの部位は、厳密に言えば使うたびに異なるわけです。だとすると、たとえば特定のセットの機械受容器への刺激がその知覚と一対一で対応している、といったことではあり得ないですよね。そこで、ターヴィーとフォンセカは、連続的な張力で結ばれた「身体のつくり」が果たす役割に注目するわけです。

たとえば、生体組織の変形を検知する機械受容器のひとつ、筋紡錘の配置を見ると、どこにでもあるわけではなくて、筋肉と筋膜の際のような、張力が伝わるライン上に多く分布していたりする。

佐々木　機械受容器は構造的に意味があるところに配置されているんですね。

野中　そのようなのです。筋紡錘の配置っていうのは、これまで不可解な部分が多かったそうです。なぜ筋紡錘が密集しているところとそうでないところがあったりするのか（Kokkorogiannis, 2008）。

佐々木　粗密があるんだ。

野中　でも、どこに集中的に分布しているのかを、筋膜や結合組織の分布とつきあわせて見ると、張力ライン上で、なおかつ結合組織と筋肉が接続しているところに密集していたりします。たとえば、神経と血管を包むコラーゲンの繊維束の周囲は、筋紡錘の密度が高かったりする（Turvey & Fonseca, 2014）。もし張力の配列のパターンを拾うのであれば、機械受容器はおそらくすべての場所にある必要はなくて、張力のライン上の重要なところにポコッ、ポコッとあればいいのかもしれません。

佐々木　血流の統制とも関係していますよね、きっと。

野中　生態心理学者のゴールドフィールドさんの論文にもありましたね（Goldfield et al., 2012）。ゼブラフィッシュという魚の胚が、心臓の弁ができる以前から、心臓の管全体の弾性組織に収縮の波をつくって血をめぐらせているという話が（Forouhar et al., 2006）。

少し話を戻しますと、重要なことは、引っ張られて安定する「つくり」のために、独特な張力の分配や、組織の変形配列のようなものが、からだに生まれているということです。引っ張りの力というのは先ほど述べたように、ジオデシックな、最短距離を結ぶような最大効率の構造をどんどん作っていきます。これは細胞の写真ですが、よく見ると三角形状の網目が見えると思うんです（図3-2）。

細田　これは何の写真ですか？

野中　線維芽細胞と呼ばれる細胞の写真です。こんなふうに、細胞骨格をめぐる引っ張りの力は、おのずと結節点が最短距離を結ぶように線維の網目の配列を絶えず再構成しつづけています。そして、余計なエネルギーを使わずに結節点が全方向で安定化するように、三つの軸の張力あるいは圧縮力が結節点で出会う「三角形化」がおのずと起こる。こうして見てみると、からだのつくりは、非常に入り組んではいるんですけれど、異なるスケールの階層において、共通の原理みたいなものがある可能性はあるわけです。どんな大きさでも、どんな向きでも、構造はそれぞれ内と外から引っ張られて安定している。このとき、たとえば、引っ張るとまっすぐになる傾向ですとか、余分なエネルギーを使わずに結節点が全方向で安定化する三角形化の原理といったものは、スケールを越えて不変なはずです。

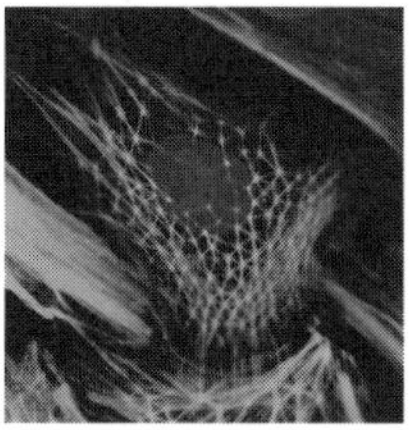

図3-2　線維芽細胞の細胞骨格を構成するアクチン線維
〔Image provided by Emilia Entcheva, Stony Brook University, NY〕

もちろん、張力のネットワークを形成する結合組織は均質、一様ではない。けれども他方では、不均質でありながらも、最大効率で構造が全方向で安定化するような力の分配が、スケールを変えて繰り返されている、という不変もある。

手足の動きや、なにかを手にもったりして身体に内外から応力が加わるとき、各所が折り合いをつけ、おのずとつりあい状態にいたる仕方で、応力はさまざまなスケールでシステマティックに分配されていきます（Chen & Ingber, 1999）。このとき、筋紡錘のような機械受容器へといたる局所的な刺激は間欠的にゆらぎながらも、全体としては独特の張力分布の秩序と、それに応じた生体組織のひずみ場の秩序が現れる可能性はあります。

佐々木　ターヴィーさんが三五年くらい行っている研究で、棒を持って振ると、先端の位置や持ったものの形がわかることを明らかにしてきたダイナミックタッチの研究があります（Turvey & Carello, 2011）。どのような情報によって可能になっているかというときに、慣性情報としてそれを記述してきたという流れがあります。棒を持っている身体の側を見たときに、今おっしゃったように、全体の張力配列、それを構成している小さな張力配列がいっぱい密に身体に埋まっていて、その場で独特な変化が起こっていて、ただしその変化は一様でなくてあちこちでちがうんだけれど、全体としてはある同じような変形を起こしている。そういうことが、その慣性情報の抽出ということと関連しているのではないか、と。今までは剛体の動きで情報を説明してきたけれど、身体の側の変形としても説明できるかもしれない、ということですか？

野中　はい、身体の側に張力の配列、あるいはそれにともなう生体組織の変形の配列が生じている。言ってみたら身体のなかにオプティックフローみたいなものがあるのではないかと。

佐々木　身体の中の？

野中　はい、身体の中に。

佐々木　ハプティックフローか（笑）。

ハプティックフロー

野中　からだの先端で起こっている出来事は、独特の仕方で、さまざまなスケールにわたる生体組織の変形のグローバルな配列を生じさせる。その配列の不変なパターンを「あぶりだす」ような個体全体の活動として、ハプティック知覚をとらえてみてはどうか、ということです。たとえば、ダイナミックタッチが、動かす軸まわりの慣性モーメントと関連しているとはいっても、慣性モーメントを機械受容器でじかに検知できるという話では、やはりないですから。

佐々木　そうですよねえ。そういう意味で、オプティックフローは、空気の中の包囲光配列に起こる変化だけれど、張力配列というのは体のことだから。身体という媒質、ミディアムの、テンセグリティミディアムのフローなんだ。

野中　はい。知覚される対象と結びついたなんらかの配列が身体の側に生じるというところまではわかります。そこまではわかりますが、そのときどきに局所的に変動する張力や組織の変形配列において、知覚と対応する「不変量」がどのように特徴づけられるのかという問いは、相当な難問です。

佐々木　物を触ったときに、身体の側の研究はすごく難しいわけですよね。接触面のインフォメーションや変形はとても測定しにくい。不可能ではないかもしれないけれどね。一方、脳に起こる変化はすぐに測定できたから、触覚系に関係している脳の部位の研究が流行《はや》りました。けれども今度は、物を触ったときの全身のフローとして触覚をモデル化できるようになっている、こういうことなんですね。

野中　そうですね。そこにある特定の配列の、知覚されるものを特定するパターンの「不変量」を探るという方向にこれからいくと思います。

染谷　たとえば、棒を使って先端にあるものを触った感じがわかる、柔らかさがわかるといったときには、棒も含めた体の中の張力配列のパターン、不変情報みたいなものがあると考えていいんですか?

野中　今おっしゃった話と関連して、道具を手にしたときに、選択的に注意を向けられるという事実がありますよね。道具をこうやって持ったときに、その先端が触れているものの柔らかさに注意を向けることもできるけれども、手にした道具自体の状態に注意を向けることもできます。

でも両者には探る動きにちがいが出てくると思います。たとえばトンカチの長さを探るには縦に振って動かすでしょうし、先端の幅を探るときには長い軸まわりに動かすでしょう。そのときにどこに注意を向けるかというのは、そこにどういう身体組織の変形配列を浮上させるかということと結びついている。たとえば道具があって、道具が触れる対象が柔らかいかどうかを探るときと、手にした道具そのものの状態を探るときのあいだでは、どういう動きをするか、つまり、どういう身体組織の変形につながるような動きをするかというレベルで、探索する動作が変わってくる気がします。それが選択的注意とかかわってくるでしょう。

佐々木 オプティカルプッシュという言い方があって、力を介さない情報の探索というか、情報との相補性っていうのはありますが、そういうときでも、テンセグリティ媒質である身体はそれと相補関係をもっているはずなんですね。そういう意味では必ずしもダイナミックタッチだけの話ということではありません。情報の場で身体がどういうふうに動きを組織しているか、どういう動きの入れ子、テンセグリティの入れ子になっているかと考えると、これまでの情報の話に身体も埋め込むことができる。ギブソンが生態光学でやった空気の情報化を、身体の情報化まで展開できる可能性があるわけですよね。壮大な仮説ですね。

2　アリストテレス心理学の重み

周囲を優先する魂の探究方法

佐々木　それでは続いて、アリストテレスについての話を、染谷さんからお願いいたします。

染谷　中畑正志先生の講義のときにも出ましたが、アリストテレスの魂の探究方法として、周囲を優先するという方法があります。アリストテレスによると、魂とは何かということに答えるためには、実際に魂の能力が発揮されたときに、発揮された能力が相手にしている対象は何かというのが、真っ先に問われなければなりません。活動の対象が何であるかを探究して、はじめて何をやっているのか、何ができるのかがわかるという探究方針をアリストテレスはとっています。

たとえば、栄養を摂取する能力というのは、魂の能力の重要なもののひとつですが、栄養摂取能力とは何か、魂がどんな働きをしているのかを知るためには、栄養物は何かというのを真っ先に知らなければならない。同じように、知覚する能力、アリストテレスは感覚という言葉を使っていますけれども、知覚するとはどういうことなのかを考えるうえでも、まず何が見られるものなのか、知覚されるのは何かを調べなくてはならない。これは思考する能力でも同じです。

生物と周囲についてのアリストテレスの基本理解によれば、生きることの原理としての魂の活動にとって周囲との関係は本質的です。この本質的ということは重要な意味をもっています。事実として魂の活動が何であるかを把握するには周囲を調べなくてはならないということだけではない。そもそも周囲、何を相手に能力が発揮されるのかという相手のほうを見ない限り、魂の活動が概念的にも理解不能になるという強い意味が、本質的という言葉にはあります。だから、外的な環境との関係というのは、とってつけたようなものではなくて、魂の能力、サイコロジカルなものとは何であるかを考えるうえで不可欠なのです。

アリストテレスが考えている自然世界では、動く（動かす）能力をもつものと、動かされる能力をもつものが、それぞれ、何かを動かすと同時に何かから動かされるというふうなかたちで作用しあっています。自然界にあるものはみんな、それぞれ動く・動かされるという能力をもつ。その動く・動かされるのネットワークの中で、世界が生成変化して運動しているというのがアリストテレスの自然観です。しかも、動く・動かされることのうちに、何のために動く・動かされるか、つまりテロスという目的があります。生物も、動く・動かされるそのやりとりの間にいます。生物が行って発揮する能力も動くもの・動かされるもののネットワークの中に位置づけられています。動く・動かされるのつながりを生態学的な世界だとすれば、心・魂の能力もそうした生態学的な世界の中に位置づけられ、動かされることで発揮されるものなので、どんな能力なのかと説明規定を与える際には、何によって動かされているのかということを明らかにしなければならないのです。

佐々木　よろしいでしょうか。たとえば栄養物の例でいくと、動かす物は栄養物。これについてはおそらくみんな知っているからいいと思うんですね。動かされるものは栄養を摂るための活動だからそれを探して口に入れて咀嚼して消化するということですよね。栄養摂取能力とは消化の能力と思いますが、たとえば、感覚知覚の場合、感覚される、つまり感覚活動を動かすものはどんなものと考えられていたんでしょうか？

染谷　たとえば視覚、見るという能力だとすると、動かすものとは、アリストテレスにとっては色です。色というものの自然本性は視覚能力に変化を与えること、つまり、見る能力を動かすことです。色というものは視覚能力を動かすためにまず媒質に変化をもたらす。詳しく言うと二段階あって、見られうるもの、色が、動かすものとして、透明なものという媒質を変化させて動かし、そして変化させた媒質をもってして感覚器官が動かされて変化する。このとき、感覚器官である眼は色という形相を受容すると言われます（図3-3）。

佐々木　アリストテレスでは見ることができるものは色だけですか？

染谷　アリストテレスが言ったのは色だけですね。

佐々木　ついでに聞きたいのですが、思考の場合、思考を動かすものというのは、これも自然の

「動かすもの」	⇒「動きを「伝えるもの」」	⇒「動かされるもの」
（動かす能力をもつもの）	⇒（動かされて伝える）	⇒（動かされる能力をもつもの）
「見られうるもの」 色	⇒「透明なもの」 （形相を伝えるもの） 光	⇒「形相を受容するもの」 感覚器官

図3-3　アリストテレスの基本理解：「見られるもの」は動かすもの（変化させるもの）

ものなわけですよね。それは栄養物や色とはちがう、どのようなものと言っているんでしょうか。

染谷　思考しうるものです（笑）。細かい解釈のちがいはありますが、現代の言い方に引きつければ、表象とか命題と言われるものです。思い浮かべるきっかけになる言葉、声、記号でもいい。そういうものが思考を動かすものなんです。もちろん、思考するには感覚知覚の能力は前提にされて、表象能力があって、思考能力がその上に積み重なるんですけれど、基本的には知覚が実際に行われていなくても、何かを思い浮かべる、あるいは記号を受容すると思考能力が動かされます。

佐々木　たとえば実際にその色がないときに、赤を思い浮かべる、ということですか？

染谷　色を思考するのであればそうですね。

佐々木　その思い浮かべた赤というのが、動かすもの。

染谷　そうですね、動かすもの。「赤」という言葉の記号でもかまいません。

佐々木　では、そういう思考、つまり思考活動を動かす自然というのは、つまり頭の中に思い浮かぶ色というのも自然のものだということですか？

染谷　それは難しいところです。思考の部分は一番問題がありそうなのですが、『魂について』では、あまり書かれていないというのが本音のところです。感覚の記述が圧倒的に多いです。

動くとか動かされるとかというかたちで、自然界は生成変化するネットワークから成り立っています。生態学的に解釈すると、能力や機能を考えるうえで、アリストテレスのように対象優先型で、「何」が動かすのか、「何」によって動かされるのかの「何」のほうを優先的に考えるというのは、かなり本質的なことなのではないかと思います。アリストテレスがそう考えたからというのではなくて、自然界の中でそれぞれ動く・動かされるという関係の中で生きているものにとっては、あるいは生きていないものまでも含めてもいいかもしれませんけれども、アリストテレス的な思考は本質的なのではないか、と思っています。

佐々木　動かされるところには有機体が入るとは限らないわけですよね？

染谷　はい。基本的には無生物も何かによって動かされています。あるいは何かを動かします。哲学者が一番気になったのは、そしてアリストテレスも気になったのは、動かされることなく動かしている、ネットワークの始原でした。それが不動の動者、神様という問題に続いていくんです。

媒質にこだわるアリストテレス

染谷　アリストテレスにとって「感覚知覚」というのは、感覚されうる形相を素材・質料をともなわずに受け入れるというものです。リンゴの赤色を見ているときに自分の目玉がリンゴにも赤くもならずに赤色であるということを受容できるのが感覚知覚です。素材をともなわずにというのはそういう意味です。

細田　（笑）自分の目玉が赤くならずに赤がわかるというのがおかしくて（笑）。見るというのが素材までも受け入れることだったら、世界を見たら自分が世界になってしまう。

染谷　そうそう、椅子を見たら椅子になってしまいます。

佐々木　これ、あたりまえですよね。

細田　さっきの野中さんの話も、棒が身体の中にはいってこなくても、棒がわかる。

佐々木　あ、そうか。同じなんだ。

細田　棒を知覚するには、身体の中に棒を入れるのではなく、棒へ向けて身体がのびてゆき、棒と身体が一体になるのですね。

染谷　知覚というのは、そのものにはならずに、そのものが何かというのがわかる、そういう定義をアリストテレスはしているわけです。

アリストテレスは奇妙な疑問を所々で出してきていて、これらはけっこうおもしろいです。

しかし次のような問題が存在する。すなわち、なぜ感覚器官そのものの感覚も生じないのか、つまり、感覚器官には火や土やその他の基本要素が内在しており、そうした基本要素についてはそれ自体としてであれ、あるいはそれらに付帯するものに関してであれ、それらを対象とする感覚が成立するにもかかわらず、なぜ外的な対象が存在しなければ感覚を産み出すことがないのか、という疑問である（アリストテレス、中畑訳〈内山・神崎・中畑編集〉、二〇一四、417a1-7 八八頁）。

感覚器官は、外的知覚対象と同じ物質的構成要素、これは四元素といって、空気と火と水と土ですが、それらを含んでいます。感覚器官というのは目玉とか皮膚です。土とか水とか火とか空気はそれ自体、空気は微妙ですが、知覚できます。また、それを含んだ事物も知覚できます。あるいはそれらの付帯性質、つまりそれら四元素がもっている特徴ですが、熱かったり冷たかったり大きかったり小さかったり重かったり軽かったりというのも知覚できます。それなのになぜ、目玉そのものとか、皮膚そのものというのは知覚されないのか。たいへん素朴ですが重要な疑問を出しているんです。この問題を考えるには、知覚されるものと媒質を区別しなければなりません。これは完全にぼくの推測ですが、媒質にアリストテレスがこだわる背景にはこういう、素朴な問題があったのではないかと思います。

アリストテレスの文脈とはちがいますが、知覚されるものと媒質とのちがいにも考えるうえで参考になるものとしてマイノング問題というのがあります。フリッツ・ハイダー（Heider, F.）の『ある心理学者の生涯』（Heider, 1983）という自伝に、ハイダーがDing und Medium (Heider, 1926）という後に本になる博士論文をマイノング先生のもとで指導を受けて書いたときに、なぜ媒質の問題を扱ったのかということが記されています。ハイダーはマイノング先生から、僕らが物を見るときに因果関係だけを純粋に追っていったら、太陽を見るとか光源を見ると言っていいはずなのに、なんで机を見たり、そこにある瓶を見たりするのか、そういう素朴な疑問を出された。この問題について格闘する中で、ハイダーという人は対象物と媒質との区別、別の言い方をすれば遠刺激と、遠刺激の特徴を近刺激として伝える、目と物の間にある空気の区別を大真面目に考えた。もともと疑問はこんなふうに書いてあります。

私の眼に達する刺激は、光源の形が変化しても変わらないが、光源によって照らし出された物体が変化すると変わる。私たちは太陽光線の下で家を見るとき、私たちが受け取る情報は、太陽の形ではなく家の形である。太陽が丸いか四角いかは、眼に届く近刺激には影響しない。家の窓が丸いか四角いかが近刺激に影響する。だからこそ、私たちは家を見るのであって太陽を見るのではないということに気づけるのである。……モノと（人間も環境内の一つのモノとしてここに含まれる)、モノについての情報を感覚器官に伝える媒体とは異なる(Heider, 1983　邦訳三五頁)。

なぜ私たちは太陽や電球を見ないのか、光源を見ないのか。なぜ空気を見ないで光源に照らし出された物を見るのか。実はこの疑問というのは、素朴に見えて、視覚を考えるときにはとてつもなく重要な問いです。アリストテレスに戻ると、彼が媒質にこだわるのは、どうして中間にあるものを見ないのかという疑問が背景にあると思っています。ハイダーが格闘したマイノング問題に同じです。

さっきの「動かす・動かされる」の話に関連しますが、基本的に感覚知覚をアリストテレスが理解するときの構図とは、詳しく見ると、動かすものが動かして、動きを伝えるものが動きを伝えて、動かされるものまで作用が届き、そして動かされるものが動かされて感覚知覚が実現するという構図になります。媒質と言われるものは真ん中の「動きを伝えるもの」と書かれている部分です(図3-3、一七五頁)。これも動かされます。視覚の場合で言うと、見られうるものというのがあって、色ですけれども、これが透明なもの、形相を伝えるものを変化させて実現状態になったのが光であるとアリストテレスは言います。これは透明なものなんです。これが、見られうるものの形相を伝達して、感覚器官を動かして形相を受容するように変化させるわけです。

アリストテレスが一番気にしているのは、「もし人が色をもつものを視覚器官自体の上につまり目玉の上に、「直接置いたならば、それが見られることはないだろう。むしろ色が透明なもの（たとえば空気）を変化させ、他方でこの空気は連続しているので、これによって感覚器官は変化させられるのである（アリストテレス、中畑訳〈内山・神崎・中畑編集〉、二〇一四、419a12–15 九八頁）」という点です。目玉の上に直接色のついたものを乗せても、色が見えない。色が見えるためには、その間に透明なものという空気が挟まって、その空気によって、媒質によって色の形相が伝わってこなくてはいけないということがアリストテレスの視覚の説明ではひたすらなされています。この媒質の部分が水になっても、真っ暗ではない場合には大丈夫だ、というような話も続きます。これは視覚だけに限ったことではなく、すべての感覚知覚が全部この図式で説明されます。たとえば聴覚の場合でも、音が空気を動かし、動かされた空気の塊が耳の所までできて、聴覚の器官を動かすという話になっています。

味覚と触覚の媒質

染谷　匂いの場合も媒質の説明はしていて、水の中でもある程度匂いはするとか、そんな話をひたすらしている。問題は味覚と触覚の媒質のところです。味覚も実は触覚の一部だという言い方をしています。

さて、味わわれうるもの（味覚の対象）は、触られうるもの（触覚の対象）の一種である。そしてこのことが、この対象が外在する物体を中間の媒体として感覚されうるのではないということの理由である。なぜなら、触覚もそのような媒体を通じて感覚するのではないからである。そしてまた、味すなわち味わわれうるものがそこに内在する物体は、湿潤なものであり、味は湿潤なものを素材として湿潤なものに内在するのであるが、そのような物体は触れられうるものの一種である。したがって、たとえわれわれが水のなかにいたとしても、甘いものが投げいれられれば、それを感覚したであろう。ただしそのような場合のわれわれの感覚は、中間の媒体を通じてではなく、ちょうど飲み物の場合のように、甘いものが水に混合されることによって成立したのである（アリストテレス、中畑訳〈内山・神崎・中畑編集〉、二〇一四、422a8–15　一一〇頁）。

湿ったものがあったら、味は湿潤なものに内在しているので、触って味がわかる。ぼくらが水中にいる場合のように、もし水中に投げ入れられたものの味がわかるとすると、湿潤なものである水に味が内在していて、それに触っているからである。要するに飲み物に砂糖が溶けていて、その砂糖水を舌という触覚で触って味がわかる、という意味の説明をアリストテレスはしています。

佐々木　触覚には媒体がないと最初は言っていますが、そして味覚は触覚だと言っているけれど、味覚は水を媒体にしている、という展開ですよね。

染谷　はい。ここではその話はしていないのですけれど、次のところで展開があります。触るものと触られるものとの隙間に水が入っていたり、空気が入っているという言い方です。さっきのところではまだその辺ははっきりしないんですけれど、次の引用ではっきりします。そして、触覚でも中間の媒質や媒体にあたるものがないかどうか検討が始まります。

何かに触れうるための感覚器官とは何であるのか。それは肉（または肉をもたない動物では肉に類比的なもの〔触覚、毛〕）なのか、それともそうではなくてむしろ肉は中間の媒体であり、第一義的な意味での感覚器官はそれとは異なる内部の何かなのだろうか（アリストテレス、中畑訳〈内山・神崎・中畑編集〉、二〇一四、422b20–22　一一三頁〔〔　〕は引用者の補足。以下同じ〕）。

触覚になってきて、肉と感覚器官は同じなのか、ちがうのかということが問題にされ始めます。これは、最終的にちがうという話になります。「身体は触覚能力のあるものに生まれつき付着して生じた中間の媒体でなければならず、それを通じて複数の感覚〔硬い柔らかい、熱い冷たい、重い軽い〕が成立するのである（アリストテレス、中畑訳〈内山・神崎・中畑編集〉、二〇

一四、423a15–17　一一四頁)。」触覚能力があるもの、あるいは触覚器官といわれるものが実は体の中にあって、それに肉が付着して肉を介して触覚は生じていて、肉は中間の媒体になっているんだろうという話が出てくるんですね。

この議論をするときに、もしも同じようなことが視覚、聴覚の場合に起こっているんだとすると、空気が肉のようなもので、肉と空気のちがいは、いつも感覚器官に付着してくっついているが、空気はそうではない、という点も指摘されます。もし肉のような形で空気がいつも体に付着するようなものであったとするならば、視覚や聴覚も触覚のようなものになるんだろうとか、そういう話も一部、書いています。次のところが決定的です。

ただし、触られうるものは見られうるものや音を発しうるものと次の点では異なる。つまり、われわれが後者の対象〔色や音〕を感覚するのは、中間の媒体がわれわれに何らかの作用をすることによるのであるが、触られうるものを感覚するのは、中間の媒体の作用によってではなく、中間の媒体とともにである。それはちょうど、盾を通じて打撃された人と同様である。つまり盾が打撃を受けその後にその人を打ったのではなく、両者〔盾と人〕の打撃はともに同時に起こったのである。

しかし一般的に言うならば、肉と舌とがその感覚器官に対する関係は、空気と水が視覚や聴覚や嗅覚に対するのと等しく、肉や舌は空気や水のそれぞれに相当すると思われる。また感覚器官それ自身が対象と接触するならば、前者の場合も後者の場合も、感覚が生じることはないであろう。人がある白い物体を直接に眼の表面に置くというのがそのような例である。またこのことによって、触れられうるものを感覚する能力をもつもの〔触覚器官〕が内部に存在することも判明する。なぜなら、そうであってはじめて、他の感覚と同様の事態が成立することになるからである。事実、感覚器官にものを置かれたときには感覚されないが、肉の上に置かれれば感覚されるのである。したがって肉は触覚する能力の中間の媒体なのである（アリストテレス、中畑訳〈内山・神崎・中畑編集〉、二〇一四、423b12–25 一一六—一一七頁 傍線は引用者による）。

触覚の場合にも中間の媒体はありますが、中間の媒体は形相を伝えると同時に、その伝えている媒体そのものも一緒に感覚されるということも生じる。そして、対象と直接接触してしまうと、やはり感覚は生じなくて、肉や舌は視覚や聴覚の場合の媒体である空気や水と同じような役割もする。ただし、器官と媒体の距離は盾と人とのそれのようにあまりにも近すぎるというちがいはあるんですけれど。感覚能力をもつものは肉の内部に存在する。触覚器官と言われているものは肉の内部にあって、肉そのものとは区別されるけれど、先の例で言うと、媒体である肉そのものも感覚される。こんな議論をして、はっきり触覚の箇所では肉は媒体であるという言い方をしている。視覚と聴覚の場合の媒体とはちがいもありつつ、なおかつ中間のものであるということは維持した説明です。味覚の場合も触覚の場合もどんなに狭くても、ものを食べて味を味わうときに舌と味わうものの間に水が入っていて、それが媒体となっている。実は、触るときも、触られうるものと触るもの、この場合は肉ですけれども、ここに空気も入ると言っていて、完全接触はしていない、という話も実はしているんです。だから、触られるものと触る手との間に必ず空気も入っていますよ、という言い方もしていて、視覚や聴覚との類比性も見てはいます。

ただし、読み解くのが難しい部分であるのも事実です。味覚の場合に媒体はないということを言いながら触覚の場合にやはり媒体はあるという言い方に変わっていたりして、揺れているのか、はっきりわかっているのか、わたしもあまり決定的なことが言えません。しかしそれでも、さっき言ったように、中間にあるものとか透明なものと言われているもの、媒質とか媒体と言われるものが、アリストテレスの言う感覚知覚の成立にとって、決定的に重要だということは間違いないと思います。

デカルトが視覚について空気のことを考えたかというと、考えてはいない。媒質についての問題を感覚や知覚の中で議題にしたというのはおそらくアリストテレスだけです。この点は一番誇ってもいいところで、その後この議論は消えているのではないでしょうか。イギリス経験論でも観念とか印象の話はしますが、媒体・媒質の話はしていない。知覚を考えるうえで媒体・媒質の存在はかなり重要な問題なんだろうなと思っています。野中さんの先ほどの話は、まさに肉媒質論ですし。

媒質の意義

野中　アリストテレスは、潜在的な知覚の機会がそこに成立するみたいなことと、媒質が存在するという事実とをからめて言っているんでしょうか？　たとえば、感覚受容器が刺激されることが、知覚の機会だと考えてしまうと、媒質に潜在的な知覚の機会があるという見方はできなくなってしまいますよね。それでは感覚受容器に入力される刺激があるかないかという話になります。媒質があると、潜在的な知覚の機会がそこにあるという話になってきますよね。そういう話はあんまりないんですか？

染谷　いや、読みようによってはその話はできると思います。色が、媒質を変化させたときには、空気はエネルゲイアの状態になっているんです。実はまだ視覚は成立していませんが、視覚の成立にとってデュナミス、潜在的な状態になっています。眼が、色によって変化させられた空気そのものから動かされて形相を受容すれば、色が見えるわけですから、潜在的な知覚の機会が媒質にできあがっていると言ってもよいのではないですか。

野中　では、なんでしたか……、見られうるものの活動実現態と見ることの活動実現態とは、つまるところおんなじである、という記述が『魂について』にありましたよね。このようなアリストテレスの主張は、ある意味、媒質の議論とセットなんですね。

染谷　そうですね、今のぼくの言い方だとそうなりますね。媒質も活動実現態の状態になっていて、見られうるものも活動実現態、エネルゲイアの状態になって、なおかつ見る能力をもつものも動かされて活動実現態になるわけですから。

佐々木　世界を構成する四元素、土と水と火と風（つまり、空気）。ここに水と空気が入っていて、水の場合はすごく多様な活躍をするわけですけれど、空気は透明、つまりほかとまったくちがうホモジニアスなものです。それを知覚の説明にもち込んだことを考えると、中畑さん、染谷さんがおっしゃるように、やはり、ギブソンの話にアリストテレスはすごく通じます。ギブソンがそれを汲み取ったのかもしれませんね。七九年の四章ですかね、五章の包囲光配列にいく前の、包囲光の話とは空気と光だけの話なのですが、あそこでやはり、主役は透明な空気ですよね。半分以上そうかもしれないですよね。そこがあるから、いわゆる物理光学とか、幾何光学とか、生理光学が扱っている光とはまったくちがう光、散乱しているイルミネーショナルな光の話が出てくる。今日話をうかがっていると、そういう構造になっている気がします。

染谷　知覚の説明の中に空気や水、媒質を入れるというのは、あらためて巨大な革命的なことだと思います。

佐々木　そうですよね、言われてみると。ハイダーがちょっと手を染めただけで、ギブソンまで誰もやらなかったわけですから。しかし、こんな事実があったってことです。二千年を越えて、ほかにはないのがすごいです。ほかにないですよね？

細田　ええ、具体的なレベルではないと思います。しかし、世界と個体の「間にあるもの」のリアリティが問題にされるという意味では、中世哲学の実在論と唯名論の対立の中にも「抽象的な図式」としては残っているとも言えます。たとえば、アリストテレスの「形相（forma）」は中世哲学では「スペキエス（species）」に相当しますが、それは実在論者にとっては世界と個体をつなぐ「へその緒」のような役割を果たしていました。ところが、それが十四世紀前半に唯名論者オッカムにより切り捨てられてしまうのです。それは現代の心理学につながる「知覚の因果説」や「精神の内なる観念」への道が敷かれる決定的な転換点だったとされています（稲垣、一九九〇）。生態心理学的に言えば、中世に「スペキエス」が果たしていた機能は「媒質中のインフォメーション」の機能と同じです。その議論を踏まえて考えると、アリストテレスやギブソンが「媒質」を重視した理由は大きく二つあると考えられます。ひとつは「知覚の能動性」を担保するため。知覚とは世界との物理的な接触から因果的に生じる結果ではなく、個体が媒質の中に分け入り、インフォメーションをピックアップする能動的な行為なのです。無媒介の物理的接触のように見える「触覚」にまで「肉」という媒質を見出そうとするのもそうした知覚の能動性を保証するためだと考えられます。

佐々木　媒質が探索する場になっているということだね。点のようにぶつかってくるのではなくて。

細田　はい。無媒介の衝突による因果的な作用ではなく、媒質内に潜在する多様なインフォメーションに導かれつつ、能動的に探索を続けながら、そうしたインフォメーションと一体にシステムを形成することが知覚なのです。そして、もうひとつの理由は「知覚の公共性」を担保するため。「媒質」の中でインフォメーションを探り出すことが知覚であって　しかもその知覚によってインフォメーションという資源は使い果たされてしまうわけではありません。そのまま媒質中に可能性として残り続けます。いわば、次の知覚の機会をそこで待ち続けている。そうした「媒質」の存在こそが、ぼくらが同じ世界を知覚できる可能性、すなわち「知覚の公共性」を担保しているのです。

佐々木　「知覚の公共性」とは、「空気に囲まれている公共性」ということですか？

細田　ええ。厳密に言えば、「情報に充ちた空気」に囲まれている公共性です。誰もがその媒質中を同じように移動でき、同じ観察点をとることができる。つまり、同じ世界を知覚できる可能性はつねに世界の側に担保されているわけです。そうしたパブリックな情報の場とのつながりが知覚のベースにあるという意味での「公共性」です。

野中　細田さんの話ではアリストテレス以降、媒質の話が完全に消えてなくなった感じではないわけですね。スペキエスのところに残っている。

細田　「残っている」とは言っても「抽象的な図式」として、です。個体が知覚を通してどのように世界とつながり、認識を拡大していけるのかを考えたとき、アリストテレス心理学を受け継いだ中世の実在論者たちは世界が「ある」ということと個体が「ある」ということをつなぐ要として「スペキエス」を置きました。生態心理学の用語で言えば、それは「媒質」というより「媒質中のインフォメーション」ですが、「媒介するもの」のリアリティは保たれていたのです。とはいえ、「媒質」の魅力は何といってもそのマテリアルなところです。空気はいまここにあり、ぼくらを包囲しています。そして構造化された光で充たされています。無定形であり、どんな形(forma)でも受け容れることができ、そのなかを移動できます。そうした性質をもつ媒質だからこそ、あらゆるインフォメーションの可能性をそのうちに潜在させることができるのです。こうした日常的な媒質と光の中に「形相＝インフォメーション」を埋め込んだことがアリストテレス＝ギブソンの魅力ですね。ところが、アリストテレスの魅力であったそのマテリアルな手ざわりが中世の観念的な議論の中では残念ながら抜け落ちています。観念的な議論の間をふわふわ漂い始めたその普遍的なものをデカルト以降の認識論は個体のマインドのうちに回収しようとしたのでしょうね。

染谷　アリストテレスの「受容」という考え方も読みようによっては、単に刺激の作用を因果的に受けてそして知覚が成立すると読めてしまいます。しかし、そうした単なる受動性とのちがいは何かといえば、見られるべき何かがあってそれが伝えられて、こちらが受け取るはたらきに能動性を見ている点です。知覚の能動性を、受けた刺激の不十分なところを補って加工する点には見ていません。何が見られるべきかはこの世界が決めてくれます。この点を無視して刺激と因果関係だけで知覚を説明していくと、現代のようなかたちになってしまうと思うんですけどね。

細田　「刺激」というときには意味をもたない量的なものが想定されています。その量的な刺激による物理的な変化として「感覚」を説明し、そこから世界の「知覚」が成立するまでの空白地帯を「心」が補うイメージですね。しかし、「何が見られるべきかは世界が決めてくれる」というとき、それを可能にするのは質的なもの、つまり生きることに相関したスケールのまとまりと意味をもった環境の構造に対応した「インフォメーション」の水準です。そもそもアリストテレスの「魂」はギリシア語では「プシュケー(psyche)」です。「サイコロジー」も語源的には「プシュケーの学」という意味ですね。この「プシュケー」はもともと「息」という意味で、日本語の「いのち」が「いき(息)の・ち(力)」から来ているのと同じです。つまり、アリストテレスの「サイコロジー」は「いのちあるもの」が「生きている」とはどういうことかを問う学問であり、リアルな環境の構造とのつながりは大前提だったのです。二十一世紀のいま、このサイコロジーのはじまりの地平にあらためて立ち返るべきではないかと思います。二千年前にアリストテレスが見ていたのは「身体を通して環境と一体になったシステムを能動的に形成し、現実に活動している状態」が「生きていること」であるというシンプルな事実でした。その観点から見ることで「植物」「動物」「人間」の魂の差異も内的なメカニズムの差異ではなく、環境との関係の差異として見えてきます。環境とつながりつつ、そのことにおいて環境と自己の可能性を現実化する能動的なシステム形成の能力こそが生き物の魂の基本的能力なのです。

染谷　「取り込み」「受容」の意味理解には注意が必要ですね。ぼくも中畑先生に尋ねたところ、受容というから待ち受けているだけかといえば、そういうイメージで捉えるのがデカルト以降の考え方だ、と言われました。何かがそこに準備されていて、それを受け入れるのは今で言えば能動的な働きであると捉えるべきで、能動と受容・受動を作用因の因果関係の力を受けるだけのイメージで捉えるとアリストテレスの思考は誤解されるおそれがあります。今言われている能動性とはまさにその形相を受容するために発揮される力という意味での能動性だとするならば、それは能動というふうに言ってもいいでしょう。

細田　たしかにアリストテレスの時代の「能動／受動」のイメージは現在とは異なっているので注意が必要ですね。ぼくが言う知覚の「能動性」とは、アリストテレスが「現実活動態にある知識は、その対象となる事物・事象と同一である」（アリストテレス、中畑訳、二〇〇一、430a20

一五五頁）と言うときに発揮されているような能動性。つまり、世界を知覚する能動性とは、その活動を通じて世界と主体とがひとつのシステムとして実現するプロセスなのです。アリストテレスの心理学を受け継いだ中世の実在論者たちが「形相＝インフォメーション」を重視したのも、まさにそうした世界と個体とのダイレクトなつながりを保証するためでした。

実在論と唯名論の対立点は「普遍」が実在するかどうかということより、むしろ「個をどう考えるか」にあると言われています（坂部、二〇一二）。「個を単純な存在」として完全に限定的に考えるのが唯名論であり、「個を汲み尽し得ない深みをもった存在」として無限定に考えるのが実在論であると。アリストテレスにおいても、またその思想を受け継いだ中世の実在論者たちにとっても、世界は汲み尽し得ない深みをもっており、その世界と能動的にシステムを形成することにおいて生きるぼくらの存在もまた汲み尽し得ない深みがあるということなのでしょう。「生きる」という環境の探索はどこまでも続いていくのです。

佐々木　探索の継続可能性が、環境、つまり空気の中の構造とか、生き物の身体の構造として、きちんと準備され与えられているわけですよね。ですから能動というと、なんかこう、主体があるように聞こえるけれども、そうではなくて、能動性というのは環境と身体のつながりに、生物と環境の両方に担保されている。そこで生きていく。そういうことなのですね。

二〇一四年九月四日、東京大学本郷キャンパス 教育学研究科四〇九演習室にて収録

実在論の根拠——ギブソンの『生態学的知覚システム』解題

染谷昌義

心理学界の古参たちは、自らの方針を変えず、能動性を奪われた観察者に人工的ディスプレイを使って瞬間露出された刺激を、あらゆる認知過程の基礎であるかのように見なし続けた。〔一九六六年の本に記された〕ギブソンによる、こうした伝統への洞察に富む批判、さらに、刺激作用内に存在する情報を獲得するという斬新な知覚についての理論は、当時はきちんと吟味されなかったし、たぶん読まれさえしなかっただろう。ギブソンは論敵との議論を楽しむ性格だから何の反応もないことにがっかりしたかもしれない。もっとも、落胆したという証拠は見つかっていないのだが（Reed, 1988　邦訳二八八頁参照）。

『知覚システム』の大胆さ

不敵にも言ってみたい。ギブソンが一九六六年に上梓した第二の主著、*Senses Considered as Perceptual Systems*（邦題『生態学的知覚システム』。以下『知覚システム』と略記する）は、こう言ってよければ、ギブソンが満を持して企てた哲学への挑戦状だった。いや、哲学という言い方に現代的なバイアスがかかるのであれば、感覚と知覚についての考え方、そして生きる活動を可能にする身体の機構についての考え方を強力に拘束するパラダイム——それは現代の心理学や生物学も依然としてガッチリ縛りつけている——への挑戦状だったと。

ギブソンは『知覚システム』発表の翌年の一九六七年に、『知覚システム』において提示される「情報に基づく知覚理論」が、知覚心理学を観念論的呪縛から解き放ち、知覚経験がリアルなものとの接触を保証できる理論となることを威風堂々と語っている。ギブソンの肉声に耳を傾けてみよう。

（1）有機体の受容器が受け取るエネルギー流動に不変項があるなら、そしてこの不変項が環境に持続する性質と対応しているなら、さらに、これまで知覚の基礎と想定されてきた感覚所与ではなく、この不変項こそが有機体による環境知覚の基礎となるなら、そこには、心理学における新たな知覚理論を支持するだけでなく、認識論における実在論をも支えてくれる新しい根拠があるとわたしは思っている。わたしは間違っているかもしれない。けれど間違いを見つける一つのやり方はこのテーゼを批判に委ねてみることだ（Gibson, 1967a　邦訳三〇三頁参照。傍線は引用者による。邦訳のあるものはそれを参照し、引用者により訳出している。以下同様）。

（2）光の肌理の勾配は刺激になりうるというアイデアは、知覚が現実と一致する方式を説明できるまったく新しい道を切り開いた。というのも、環境にあるリアルな表面群から光が遠近法的に投影された結果、光の肌理に密度の勾配ができるからである。そうすると、現れ見える表面群と物理的な表面群との対応が、生得観念や過去経験による感覚の補正、脳内での感覚所与の自動的体制化、といったカラクリなしでも、つまり、既存の知覚理論にいっさい頼らずとも、説明できるかもしれないのである。ここには認識論の問題を実在論的に解決する新しい根拠があった（Gibson, 1967b, p.19）。

これらの引用文は両方とも、一九六六年に発表した『知覚システム』を念頭において、その意義として語られている。『知覚システム』で披露された主張は「認識論における実在論を支えてくれる新しい根拠」、「認識論の問題を実在論的に解決する新しい根拠」である、そうギブソンは信じている。『知覚システム』を書いたギブソンは、この書が哲学的な認識論の問題を解決できるかもしれないという予想があった（と想像できる）。刊行後すぐ、哲学の学術専門誌*Synthese*に「実在論のための新たな根拠（New Reasons for Realism）」という論文（引用（1））を、そして自伝（引用（2））を発表した。そこでの息づかいと筆ぶりは、自らのアイデアが哲学のなかに光を差し込むと本気で考えていたことをうかがわせるからだ。少なくとも、引用したギブソンの言葉は『知覚システム』の意義をギブソンがどう意識していたかを伝えてくれる。それほど『知覚システム』はギブソンにとってドエライ仕事だった。

知覚経験のアポリア――知覚経験はどうしたらリアルと接触できるのか

二十世紀初頭のアメリカの大学では、哲学と心理学の研究が現在のように明確に峻別されていなかったという事情もあるが、ギブソンと哲学的思考との結びつきは予想以上に強い[1]。ギブソンは、プリンストン大学の学部四年次に哲学を専攻している。同大の心理学部の院生・助手時代には、指導教授のラングフェルトがハーバード大学時代の同僚のよしみで呼んだエドウィン・ホルトから心理学部で直接教えを受けている。ホルトは、ウィリアム・ジェイムズの弟子にあたり、アメリカのプラグマティズム思想運動の一つであるニューリアリズムという潮流のスポークスマンだった。ギブソンは一九二〇年代半ばから一九三〇年代の半ばまでの一〇年間、ホルトと交流した。

その頃の哲学や心理学の畑で活躍していたリアリストたちが問題にしていたのは、知覚にまつわる認識論の問題であった[2]。わたしたちの外部にわたしたちとは独立に実在している世界を、知覚経験をとおして、わたしたちは、そして生き物たちは、どのように知ることができるのだろうか。リアルなものとの接触を知覚経験は保証してくれるだろうか。そうした問題だ。

感覚、印象、観念といった心的要素を知覚経験の構成要素と考え続ける当時の（おそらく現在でも生き残っている）パラダイムでは、知覚経験の背後に何らかのカラクリを想定して、それら心的要素を組み合わせて補完し意識される外界の姿をつくりあげることが知覚のはたらきとされた。そして、観念の連合、生得観念、無意識的推論、ゲシュタルト的体制化、情報処理（現代に至れば、不良設定問題解決とか確率的推定とか言われる）たくさんのカラクリがこれでもかこれでもかと考案された（今も考案され続けている）。でも、わたしたち生き物のなかに想定されたそうしたカラクリは、はたして本当に外界のリアルを正しく捉えた意識までたどり着かせてくれるのだろうか。このパラダイムでは、〈世界のリアルな姿に正しく符合する対応物を、心的要素から復元してつくり出すこと〉を知覚経験がやらなければならないお仕事、本性と見なしている。リアルな世界を認識するココロのはたらきに妥協は許されない。いいかげんな復元ではダメだ。もっとも、最近では、世界と寸分違わぬ内的対応物をこしらえるカラクリではなくて、〈身体の運動にともなって変化する世界からの入力を予測し、そうした予測入力と実入力との誤差を最小化する調整を行う〉カラクリが知覚の本性と考えられつつあるようだが[3]。

しかし、こんなふうに思考をスタートさせてしまうと、抜け出せないアポリアに落っこちてしまう。知覚経験をとおして外界をどうやって認識するのか、外界の知識を得るのか、という問題は、材料からの復元というパラダイムで解こうとすれば、奇跡の恩寵でもないかぎり、あるいは、リアルの意味を根本的に変更でもしないかぎり、そもそも解けなくなってしまうのだ。ここでもギブソンに、ただし後年の著書の言葉で語っていただこう。

生得観念もしくは獲得観念のどちらかをナマの感覚入力に適用しなければ知覚は成立しないと仮定することにそもそもの誤りがあるとわたしには思える。誤っているのは、感覚入力では知識を運べないため、それに「処理」を施せば、どうにかして感覚入力から知識を生み出せるようにできる、とする想定である。世界についての知識はどこからかやってこなければならない。それが、貯蔵された知識からくるのか、生得的な知識からくるのか、推論的思考からくるのかをめぐって論争が起こる。だが、この三つの説〔貯蔵知識、生得的知識、推論的思考のどれかを世界についての知識の出所とする

1 以下のギブソンの経歴についての記述は、Gibson (1967b), Reed (1988), Gibson, E. (2002) を参考にした。
2 十九世紀末から一九三〇、四〇年代にかけて英米系を中心に反観念論運動（リアリズム運動）が起こった。ギブソンが大学・大学院を過ごした時代は、まさに思想界におけるこの運動の真最中だった。リアリズム運動の概要については Chisholm (1960) を参照のこと。
3 たとえば Clark (2013) を参照。予測と予測誤差による予測の修正というはたらきを脳の一般的機能とする見方を念頭においている。

説」は、どれも論点先取を犯している。世界についての知識は、世界についての知識がすでに存在していると想定しても、説明したことにならない。どんな形態の認知的処理であろうと、認識を説明するための認識を暗示してしまっているからだ（Gibson, 1979　邦訳二六八頁参照）。

どのような種類の復元カラクリを介在させようと、そうしたカラクリは、作り出されるべき、世界についての当の知識を、目標として前提にしている。「認識を説明するための認識を暗示してしまっている」。「論点先取」とは、説明すべきこと（世界についての知識）を、説明のための道具として使ってしまう誤りのことである。「人間とは何であるか」という問いに、「人間とは人間から生まれるものだ」と答えるようなものである。リアルな世界はどのようであるかを知覚的に知る仕組みをいま説明したいのに、すでに世界はどのようであるかの知識を道具として用いる。説明は循環してしまう。では、論点先取を犯さないためにはどうすればよいのだろう。

「ちょっと待ってください。そんなことは哲学者が気にすればよい問題で、そんな問題が解決できなくたって知覚心理学の実験も観察も十分やっていけます。論文も量産できます。共同研究もできます。だから、概念的で抽象的な問題にいちいち目くじら立てないでください」。そんな声も聞こえてきそうだ。

しかし、「そんな問題が解決できなくたってうまくやれる」のは、わたしたちが知覚経験をとおして実在する世界を把握することができているから、リアルと接触できているからだ。疲れていたり、薄暗かったり、雑音がうるさかったりしてときどき見間違ったり聞き損なったりすることはあっても、あなたの周囲にある物事がきちんと知覚されており、その知覚にガイドされてきちんと行動できているから、実験も観察もできるのだ。わたしたちがリアルな世界と接触していることを疑わないとすれば、それがいかにしてかと問うことには十分な意味がある。哲学の問題を引き受けないで論点先取を放置する知覚研究はズルいのだ。もっとも、哲学者のなかには、リアルとの接触を疑い、どれほど経験の上でリアルと出会っていると思われようと「チョーエッツロン的」にはそうではないと説き続ける人たちもいる。でも今はその議論に深入りするのは控えたい。

復元カラクリパラダイムから探索・発見パラダイムへ

論点先取を回避する道は一つしかない。知覚経験それ自身に、経験とは独立したリアルな世界と接触しそれを把握する機能を認め、世界についての知識の出自を知覚経験自身に求めればよい。そしてそのためには、わたしたち生き物の内部でリアルに対応するものを復元して作り出すといったカラクリの追求とは別のパラダイムで、知覚経験の本性を考えていくしかない。そうしないために、論点先取なる解決できない迷宮に迷い込んでしまった。だから、知覚経験を探究する方針そのものを変更し、復元カラクリについて思考をするのをやめ、別の新しい問いを立てて探究すればよい。舵を切りなおして方向転換し、問題を解決せずに解消して突破する。心的要素や刺激を材料にしてリアルな世界の対応物をこしらえるという思考からきっぱりと手を切るのである。

ギブソンが『知覚システム』に至るまでにいったのはまさにこのことだった。『知覚システム』は復元カラクリパラダイムから完全に手を切り、娑婆への完全復帰を宣言した記念碑的労作だった。

ギブソンのアイデアの核心はこうだ。

実在世界の特徴（「環境に持続する性質」「物理的な表面群」）と、主観的に現われ出る経験の特徴との対応関係を保証してくれる刺激が、すなわち情報（「不変項」「光の肌理の密度の勾配」）が、媒質（空気）中に存在する。情報は、生き物が刺激からつくり出すのではなく、世界自身があらかじめ備えている。情報は、世界のなかにあって世界がどうであるかを生き物たちに教えてくれる。わたしたち生き物は、この情報なるものを、世界のなかを動き回って見つけ出し、それを拾いあげ、受けとればよい。時間をかけて情報を探索し発見し抽出することこそ、知覚のはたらきであり、知覚経験をとおした実在の認識にほかならない。ギブソンが述べていた「認識論における実在論を支えてくれる新たな根拠」とは、物理的エネルギーが生態学的なメゾスコピックな水準でつくる、情報なる存在にほかならなかった。

ギブソンは一九五〇年代から六〇年代にかけて、この「情報」というアイデアを練りあげる。その努力は、視知覚に有効となる刺激を探究する「生態光学」を構想することに注がれた。そして、その延長に、世界のなかにある光以外の情報と、そうした種々の情報を拾いあげる身体の知覚する機構との検討がなされた。『知覚システム』には、これら一連の考察が結実している。

『知覚システム』は、情報概念の誕生に始まり、知覚のはたらきの再定義（世界の姿をつくりあげるカラクリではなく、情報を拾いあげるカラクリとしての知覚）、そして情報の拾いあげという知覚のはたらきを可能にする身体論（知覚システム論）まで、ギブソンの革新的アイデアがギッシリ詰まっている。そして先にも示したように、この論考の最大の意義は、ギブソン自身の言葉を借りれば、当時の（そして現在も）知覚理論を縛りつけていた認識論問題の解決、実在を知覚経験できることを示す新たな根拠の確立だった。それは言い換えれば、認識論問題の解消、知覚経験がリアルと接触していることを理論的に保証することだったと言える。

『知覚システム』の三つの革命

すでに述べたように『知覚システム』に結実する革命的思考は次の三つにまとめることができる。

①情報概念の導入——刺激から情報へ

刺激概念の徹底的再検討と、その果てに情報という概念を登場させる時期は、一九五〇年の *The perception of the visual world*（邦題『視覚ワールドの知覚』）の刊行から一九六〇年までのおよそ十年にあたる。この時期、視知覚のために有効な刺激概念が検討され、生態光学が構想されていく。

ギブソンは第二次世界大戦中にアメリカ空軍航空局から心理学研究ユニットのメンバーに指名され、知覚心理学の専門家として、パイロットの視覚技能を評価するテストの開発研究に従事する。このときの実験と観察から、ギブソンは視知覚に果たす「大地」の重要な役割を自覚し始める。パイロットは、たとえば雲の中に入って飛行機の外に何も見えない状態では、どこに向かって飛んでいるのかわからなくなる。しかし、大空と地平線で交わる大地が見えたとき、パイロットは空中で自分の位置取りができる。大地が見えるとき、パイロットの視覚は飛行を制御する役割を果たせる。

パイロットの視覚研究から、ギブソンが「大地説」と呼ぶ、いわゆる空間知覚のための理論が一九五〇年の著書では登場する。奥行きのある空間は見るためのフレームワークをなしている。しかしこうした役目を果たす空間は、数学的に記述される三次元の座標空間ではなく、知覚者の足元に延び広がる大地である。この考え方の上に、視覚にとって有効となる刺激は、その大地を背景にして網膜に投影された勾配であるという「肌理の勾配説」が提起される。

知覚心理学における謎のひとつに、大きさの恒常性というものがある。外界にある対象物が眼の網膜に投射する像は、その対象物と知覚者との距離に応じて変化する。大きさが同一の対象物の網膜投影像は、対象物が遠くにあれば小さく、近くにあれば大きくなる。しかし、わたしたちはそうした見かけの大きさの変化に惑わされず、恒常的で変わらない大きさをもった対象物を見ることができる。そこで、与えられた網膜像からどのようにして奥行き込みの対象物の大きさを見ることができるのかが問題になる。

大きさの恒常性に対する、ギブソンの大地説による解答はこうである。わたしたちは対象物を見るときに、必ず大地も一緒に見ている。延び広がる大地の上にある対象物は、知覚者からどんな距離にあろうとも、常に同一の割合で大地の肌理を覆い隠す。変形のない同一の大きさの対象物とそれを支える大地との間には一定の不変な関係があり、それが網膜上に投射された像にも反映されている。ここに、大きさを始め、対象物の恒常的性質を知覚するために、触覚的観念や印象との連合や奥行きの推論といったカラクリを導入しなくともよい可能性が開かれる。対象物と大地との間に不変な関係――大地の肌理を対象物の肌理が覆い隠す割合――があるなら、その関係は対象物の恒常的大きさを見るために有効な刺激となり得るからである。対象物の恒常的大きさを見ることを可能にする刺激変数を見つけることができるのだ。

一九五〇年の著作でギブソンは、環境の視覚を可能にする適切な刺激（高次の刺激変数）が探究できること、そして一般的に、環境の特定の性質と光刺激（のパタン）との間には一定の対応関係を発見できることを実感し始める。その後、網膜上に投影された肌理の勾配が奥行きを知覚するための十分な有効刺激とならないことが実験的に明らかになるにつれ、刺激概念を根本的に見直し始め（Gibson, 1960）、見ることを可能にする刺激「情報」を扱うことのできる、見るための光の理論である生態光学という新たなアイデアが構想される。

ギブソンの意味での情報概念は、通信理論や情報科学における情報概念とは異なる。ギブソン的な情報は、物理的エネルギーの分布のことである。エネルギーの分布にはエネルギー強度の差異がつくる空間的もしくは時間的構造がある。この構造は、情報源である環境の性質と法則的な対応関係をもっているため、環境の性質を特定することができる。構造の備わるエネルギー分布は、環境がどのようであるかをいわば教えてくれるのだ。有名な箇所を引用してみよう。

……何かについての情報ということでわたしが意味しているのは、その何かに特定的であるということだけだ。だから、情報が光・音・匂い・力学的エネルギーによって運ばれるということは、情報源がコピーやレプリカとして文字通り運ばれるということを意味しない。ベルの音はベルではない。チーズの匂いはチーズではない。同様に対象物の表面群のパースペクティヴ的投影は、その対象物と同じではない。しかし、どんな場合でも、その光刺激の性質は、物理法則によって、その対象物の性質に一義的に関係づけられている。環境の情報を運ぶということでわたしが意味しているのはこのことである。……情報とは、についての情報、を特定するということを意味する（Gibson, 1966 邦訳二一四—二一五頁参照。傍点はギブソンによる原文の強調部分である）。

環境の事実を見るための刺激は、網膜に衝突する光線ではない。照明で満たされた空気中では、環境の表面から何度も反射を繰り返した光線が交差し、方向によって強度の異なる光線が配列した構造（包囲光配列）ができあがっている。この構造をもった光は、環境の性質（表面の傾き・距離・レイアウト・運動・接近など）と法則的に対応した性質を、空気中のあらゆる観察位置に投影する。そのため、ある観察位置に存在する眼に達した光は、環境の性質を法則的に特定する刺激、すなわち情報となっている。もっとも、刺激とはいえ情報は、行動反応をトリガーするエネルギーや原因という意味での「刺激」ではない。

『知覚システム』では、光以外の情報、すなわち、定位情報（重力情報）、音響的情報（空気振動の波面と波列がつくるパタン）、力学的情報（力学的エネルギーの分布がつくる、触れて知覚するための情報）、化学的情報（揮発性物質の拡散パタン、嗅覚や味覚にとっての情報）へも考察が及ぶ。一九六〇年以降、情報概念が洗練され、光以外の情報の話が一九六六年に集約されたと言ってよいだろう。

②知覚の新定義

刺激・情報は、観察者、生き物の外部に存在する。情報は、入力した刺激から生き物がつくりあげるものではない。この新たに導入された情報概念から、知覚とはどのような過程なのか、新定義が出される。知覚とは、情報を探し出しピックアップする過程である、というものだ。

これも、これまでになかった斬新なアイデアである。情報は、生き物の存在や能力とは無関係に、環境の事実を法則的に特定する力能を備えている。生き物は、環境の事実を知覚するために、情報を探索し、それを見つけ出し、拾いあげ（ピックアップ）をすればよい。これとは異なる考え方、すなわち、知覚とは感覚を素材としてそれを記憶や観念による補完や認知的処理を施す過程とする見方に、ギブソンは執拗に反対する。

『知覚システム』のなかで情報ピックアップの分析としてギブソンが提示しているスキャニング（走査）を例にして、情報ピックアップとはどのようなことなのか、そしてなぜそれが知覚の本性を大きく変えるほどの内容をもっているのかを見てみよう。

こんな例で考えてみる。わたしたちは、たとえば家を見るとき、常に家全体を一望のもとに見渡せるような位置から見るわけではない。門、ドア、玄関、廊下、部屋、外塀……といった家の部分部分を継時的に視野に収めながら見るのが普通だろう。門を視野に収めたら、二階は見えないし、二階を見上げたら、玄関は見えなくなる。わたしたちは家の部分部分を継時的に見ている。両眼が馬のように顔の左右両側面にあって視野がパノラマ的に広がっていない限り、部分部分の時間的系列を経て家を見る方式が取られる。このような知覚、包囲光の配列の部分部分を次々に視野に収めること（環境の一部を次々に見ること）は、スキャニングと呼ばれる（Gibson, 1966　邦訳二八七頁参照）。スキャニングは感覚にもとづく知覚論では、難しい問題を引き起こす。部分部分のスナップショット（感覚）はどのようにして統合されて、一つの家というシーンの知覚になるのかという問題である。

スナップショットの記憶を保持し、脳が感覚データの系列（記憶）から同時的な合成物を構成するという考え方がオーソドックスな心理学では採用された。同じ対象物からさまざまな刺激が継時的にやってきて感覚が次々に継起するが、それらを統合して一つの対象物の姿にまとめあげたり、あるいは顔を背けたり眼を閉じたりして感覚を一時中断したときには記憶が感覚の役目を引き受けて知覚へと統合される素材を提供し続けたり、といった過程が想定されたのである。けれども、ギブソンはこうした考え方に反対する。なぜなら、それは、日常的な知覚意識に真っ向から反するからである。

視覚的スキャニングの注目すべき事実は、一時的な網膜印象が連続して起こっているという意識が知覚の経験にはまったく欠けていることである。少なくともヒトの視覚では、世界内の対象物や、絵の各部分を順に注視しているのが事実だとしても、世界の全対象物や絵の全部分が同時に存在するという意識がある。順に見ていたのに、現象的には物理的な配列全体が共存しているように見えるのである。配列のなかの対象物の数を数えるのは簡単にできるが、眼が何回注視したのかを数えることはこれまで誰もできなかった。この悩ましい問題に対し、知覚を網膜印象から解き明かす理論は、網膜上の動きは内的に相殺されるとか、網膜印象が無意識的につなぎ合わされるとか、手の込んだ説明をしてきた。けれども、これは、継起的なサンプリングが同時的な把握と等しくなるケースとして説明できるかもしれないのだ（Gibson, 1966　邦訳二九〇頁参照）。

眼に見える風景、あるいは手に触れるモノの感触は、観察点や手を動かせば次々に変化し入れ替わる。けれども、わたしたちは、一つの風景、一つの世界、一つの対象物、一つのモノを見るし、触る。ギブソンによれば、こうした「時間をかけて生じる単一の恒常的対象の知覚、単一の視覚世界の知覚は、入手した刺激の変化系列の背後に不変な情報が存在し、それに対して注意が向けられていることとして説明できる（Gibson, 1966　邦訳二八九頁参照）」。情報ピックアップとしての知覚とは、この例で言えば、見回すことで包囲光配列を眼でなぞりながら（スキャニングしながら）、この変化のなかにある不変性に注意が向くことである。知覚者を包囲するエネルギーの変化をたどりながら、持続するパタン、構造へと注意が向けられ続けているとき、情報はピックアップされている。ピックアップという言い方は、モノを手で拾いあげるように一時的に達成される活動のような印象を与えるが、包囲エネルギーをたどる時間をかけた作業を継続することから成り立つ。後年の本では、情報ピックアップは、情報への共鳴（resonate to）や情報へのチューニング（be attuned to）という比喩的な言い方でも表現されており、環境の事実に見合った仕方で環境と接触し続ける活動というニュアンスが強調された（Gibscn, 1979　邦訳二六四頁参照）。

情報概念の導入は、知覚の本性を、スナップショット的な感覚から環境の姿を構成する過程ではなく、継起する包囲エネルギーのスキャニングから環境の姿を特定する情報に注意を向ける過程へと大きく変更させる。これによって、網膜印象や感覚から知覚経験を復元し構成する過程が破棄され、知覚のはたらきは、まったく別様の考察を受けるようになる。

③知覚する身体の仕組み（知覚システム）の導入

情報をピックアップする過程の一つとして先にスキャニングを示したが、ではスキャニングするために生き物はどのように動けばよいのだろうか。スキャニングする身体はどんなメカニズムで動くのだろうか。『知覚システム』の三番目の革命的思考は、情報に感受性をもった知覚機構として「知覚システム」という身体の新しい生理学を導入した点である。

情報は周囲にある。しかし情報は生き物の受容器に押しつけられる刺激ではない。情報は生き物のところに到達するものではない。逆である。情報は生き物が獲得するものだ。生き物は、情報を獲得するために環境を見つめ、環境を見回し、環境のなかを動き回らなければならない。スキャニングでも示唆されるように、情報を獲得するには、動いて包囲光を眼でなぞらなければならない。そして、情報を獲得するために適切に動くことこそ、知覚を実現するために生き物がやっていることなのだ。

ギブソンは、感覚を、刺激を通過させるチャンネル（経路）としてではなく、情報を能動的に探索し発見しピックアップする活動を行う身体システムとして新たに定義し直す。五感は感覚作用のモダリティ分類であるが、その代わりに、情報に対する注意の様式のちがいによって五つの知覚システムが区別された。たとえば、見るという仕方で情報に注意を向けるのが視覚システムであり、聞くという仕方でのそれが聴覚システムである。ほかに、基礎定位システム、触覚―身体覚システム、味覚―嗅覚システムが区別された。しかしこの区別は、身体の決まった器官の集合体として理解してはならない。ここが重要なポイントだ。

ギブソンの提案した知覚システムは、身体（システム）の外部にある情報をピックアップできるように、システムを構成する要素が柔軟に入れ替わり組織化されるシステムである。そのため、身体のどの部位のどんな働きが知覚システムを構成するのかは、あらかじめ機械のように決定され固定されていない。情報をピックアップする機能を果たすのに相応しい身体が、そのときそのときでピックアップする情報に応じて柔軟につくりあげられる。したがって、システムを構成する要素が最初から固定している自動車や飛行機とは大きく性格を異にする。情報をピックアップするという機能に応じて、解剖学的にさまざまな単位（細胞、組織、器官）が参加し、その都度編成され直すシステムなのである。このような、機能が強調された身体のはたらきを扱うには、生理学の拡張が必要であることをギブソンは自覚していた。だから自分が提案しているのは、たとえば「環境のなかにある身体の頭部についた一つの眼からなる視覚システムの、高階生理学（the higher-order physiology）」（Gibson, 1966　邦訳二九四頁参照）であるという。視覚システムは、情報を獲得するために、眼だけでなく、頭部も足も場合によっては構成要素とする。自らの構成要素を柔軟に組み替えるシステムを扱う生理学が『知覚システム』では提起された。

視覚システムについて考えてみよう。注意すべきは、視覚システムには様々な水準での機能があるということだ。単眼は、〈網膜像のシャープネスを調整できる水晶体〉と〈網膜像の強度を定常化させる瞳孔〉とをあらかじめ備えた一つの器官であるが、低次のオーダーに属する一つのシステムである。この眼に筋肉が接続すると、より高次のシステムになる。筋肉が接続した眼は、内耳の助けを借りて環境に相関した位置を取る頭部の中で安定化し、環境をスキャンできる。筋肉の接続した眼が二つになると、さらに高次の二重のシステムとなる。両眼は近くの対象物に対しては輻輳し、遠くの対象物に対しては開散する。さらに、両眼・頭部に胴体と足が結びついたシステムは、姿勢の平衡状態を保ちながら移動することを通じて、世界の中を動き回り、あらゆるものを見ることができる。

感受性をもったシステムがより高次になればなるほどそれに対応して、刺激もしくは刺激情報のオーダーもより高次になる、こう考えるのが理にかなっている。少なくとも、次のことは確実である。つまり、ある器官にとっての刺激は、ある細胞にとっての刺激と同じではないということだ(Gibson, 1966　邦訳五〇頁参照)。

伝統的な感覚にもとづく知覚論では、モノを見る過程は、そのモノからの刺激を受動的に受け取る瞬間から始まると考えられた。しかし、知覚システム論では、そのモノの情報を獲得するために身体の姿勢と運動を調整することから、モノを見る過程は始まる。そのモノが遠方にあれば、モノを特定する情報がピックアップできるようになるまで、両眼、頭部、身体を運動させる活動を行う。両眼の調節は頭部の回転に見合うように調整され、頭部の回転は身体の移動に見合うように調節される。見ようとするモノに近づき、近づくために足をつかって長い距離を移動することもある。移動して見るとき、視覚システムを構成する要素には両足も含まれる。

より細かく見るならば、単眼のシステム（水晶体、瞳孔、ガラス体、網膜からなるシステム）が、水晶体の厚みを調節して網膜像の鮮明度を変えたり、瞳孔の大きさを調節して光強度を正常化したり、光受容野の感受性を変えて暗順応させるといった調整をして、情報ピックアップに貢献する。単眼に筋がついたシステムでは、眼球の静止と運動の調節を行い、内耳からの補助を受けながら頭部の運動に対して眼球の向きを安定化させる補正（注視）の運動を制御し、包囲光配列をスキャニングする。さらに、この筋のついた眼球が二つになったシステム（近傍の対象物には両眼を輻輳させ、遠方の対象物には開散させる調節を行う）、そして、この両眼が頭部についたシステム（頭部の回転運動を行い、包囲情報をピックアップする）、この頭部が、脚部をもった胴体の上部についたシステムがある。この多層的システムでは、姿勢の平衡状態を維持して動き回りながら両眼の移動経路に沿って情報をピックアップする。

これまでの話は視覚システムだけに限ったことではない。視覚以外のシステムでも身体の生理学は同様に考えられた。知覚システムは、すべての水準で、各器官の調節と組織化が行われ、情報の探索と発見に貢献する。情報がより複合的で高階のものになるのに対応して、それを発見するためにより上位のシステムが編成される。知覚する身体とは、情報の複雑さに対応して自らを柔軟に変形させるのである。

こうした知覚システムの生理学は、脳や神経系の機能の理解も根本的に変えてしまう。最後にこの点を確認して、知覚システム論の革命性に驚くことにしよう。知覚システム論のなかでは、脳は一体何をやっていると考えられるのであろうか。

安定した知覚を説明するために脳だけに注目するのをやめ、知覚器官の調整を行う能動的な知覚システムが［その場その場で］作り上げる複数の神経ループの中に安定した知覚を可能にする説明を求めるべきである。感覚の万華鏡的な流入から対象物についての情報を脳が構成するあるいは計算すると想定するのをやめ、入出力のシステム全体が外界にある情報に共鳴するように、脳は知覚に参加する諸器官を定位させる役割を司っていると考えてみたい。もしこの定式が正しいなら、感覚神経の入力というのは、数世紀の間教えられてきたような知覚の基礎なのではなく、半人前の知覚であるに過ぎない。つまり、感覚神経の入力は受動的な感覚印象を持つための基礎でしかない。それは知覚のデータでもなく、脳が知覚をこしらえるための原料でもない。能動的な感覚器官は神経繊維中に流れる信号の創始者でも、脳へ伝えるメッセージの創始者でもありえない。むしろ、能動的な感覚器官は、植物の蝕糸や生き物の触角に類するものである（Gibson, 1966　邦訳五頁参照）。

脳、そして神経系は、環境内にある情報をピックアップできるように、知覚システムの柔軟な組織化と再編成を調整する。脳をはじめとする神経系は、ピックアップされる情報の複雑さに応じて、それをピックアップできるように知覚システムに組み込まれる組織や器官の組織化と再組織化を行っている。ギブソンはそれを「定位」と呼んだ。知覚システム論では知覚の機構の中で脳や神経系が果たす役目は大きく修正される。

脳は入力情報を体制化したり（ゲシュタルト心理学）、解読や処理をしたり（計算論）しない。刺激（情報）の体制化は、脳ではなく、環境の側で行われる。解読や処理を施さなくとも、情報は環境の事実を法則的に特定できる力能をもっている。だから、そうした補完的業務を脳はする必要はない。今もって斬新な、極めてラディカルな主張である。

結　語

『知覚システム』は、妥協のない仕事だ。そこには既存の知覚理論を改善したり修正したり、あるいはその一部を洗練させるといった意図がまったくない。実を言えば、一九五〇年の「大地説」も『知覚システム』では表立って論じられていない。当時の心理学、生理学、そして哲学が前提としている「感覚に基づく知覚論」は、たとえかつて自分が唱えた説であろうと、完全に抑制している。そうした前人未到の地点から『知覚システム』の論が立ちあがっている。

おそらく『知覚システム』以前は、世界から観察者に物理的刺激が届けられた結果、刺激の影響で観察者に生じることを探究するというポリシーで知覚研究はなされていたはずだ。それが、この書物を契機に（すぐに影響が出なかったとはいえ）知覚経験は、生き物が情報を能動的に探索する過程として、言い換えれば、環境のリアルとの接触を自ら維持する過程として考える道が切り開かれたのである。

ここでは触れられなかったが、『知覚システム』には、まだまだびっくりするような主張がある。遮蔽知覚、自己知覚と自己運動制御、感覚神経と運動神経の区分の破棄、アフォーダンス知覚、知覚と非知覚的経験（記憶、予想、想像、思考、言語使用）との関係といったトピックだ。これらはどれも過激かつ説得的であり、知覚経験を皮膚の内側で行われる内的な過程とする見方を取る人にとっては、すぐには消化できない主張である。知覚は、環境の中で行われる全身を使った「活動」である。決して皮膚の内側で進行する隠れた過程ではない。このことに少しでも共感できたら、『知覚システム』をゆっくりと読み出してみよう。必ず何か発見があるはずだ。

本書刊行の二〇一八年は、この書が刊行されてちょうど五〇周年頃である。『知覚システム』が古典の殿堂入りをするのは、まだまだ先のことなのかもしれない。

文　献

プロローグ

Gibson, J. J. 1966 *The senses considered as perceptual systems*. Boston: Houghton Mifflin.［佐々木正人・古山宣洋・三嶋博之監訳　2011　生態学的知覚システム——感性をとらえなおす　東京大学出版会］

Ⅰ部

Ayer, A. J. 1940 *The foundations of empirical knowledge*. London: Macmillan.［神野慧一郎・中才敏郎・中谷隆雄訳　1991　経験的知識の基礎　勁草書房］

Bernstein, N. A. 1967 *The co-ordination and regulation of movements*. London: Pergamon Press.

Bernstein, N. A. 2006 From reflex to model of the future. *Journal of Russian and East European Psychology*, **44**, 93–98.

Chisholm, R. 1960 Editor's Introduction. In R. Chisholm (Ed.), *Realism and the background of phenomenology* (pp.3–36). Glencoe, Illinois: The Free Press.

Darwin, C. R. 1859 *On the origin of species by means of natural selection, or the preservation of favoured races in the struggle for life*. London: John Murray.［八杉龍一訳　1990　種の起源（上・下）　岩波書店］

Darwin, C. R. 1865 On the movements and habits of climbing plants. *Journal of the Linnean Society of London (Botany)*, **9**, 1–118.

Darwin, C. R. 1880 *The power of movement in plants*. London: John Murray.

Darwin, C. R. 1881 *The formation of vegetable mould, through the action of worms, with observations on their habits*. London: John Murray.

Gelfand, L. M., & Tsetlin, M. L. 1971 On mathematical modeling of the mechanisms of the central nervous system. In L. M. Gelfand, Y. S. Gurfinkel, S. V. Fomin, & M. L. Tsetlin (Eds.), *Models of the structural-functional organization of certain biological systems* (pp.1–22). Cambridge: MIT Press.

Gelfand, I. M., Gurfinkel, V. S., Fomin, S. V., & Tsetlin, M. L. (Eds.) 1971 *Models of the structural-functional organization of certain biological*

systems. Cambridge: MIT Press.

Gelfand, I. M., & Latash, M. L. 1998 On the problems of adequate language in motor control. *Motor Control*, **2**, 306–313.

Gibson, E. J. 2002 *Perceiving the affordances: A portrait of two psychologists*. New York: Psychology Press.［佐々木正人・高橋綾訳　2006　アフォーダンスの発見――ジェームズ・ギブソンとともに　岩波書店］

Gibson, J. J. 1950 *The perception of the visual world*. Boston: Houghton Mifflin.［東山篤規・竹澤智美・村上嵩至訳　2011　視覚ワールドの知覚　新曜社］

Gibson, 1966, *op. cit*.

Gibson, J. J. 1979 *The ecological approach to visual perception*. Boston: Houghton–Mifflin.［古崎敬・古崎愛子・辻敬一郎・村瀬旻訳　1985　生態学的視覚論――ヒトの知覚世界を探る　サイエンス社］

Holt, E. B. 1915a Responce and Cognition Ⅰ. The specific–response relation. *The Journal of Philosophy, Psychology and Scientific Methods*, **12** (14), 365–373.

Holt, E. B. 1915b Responce and Cognition Ⅱ. Cognition as response. *The Journal of Philosophy, Psychology and Scientific Methods*, **12** (15), 393–409.

Holt, E. B. 1915c *The Freudian wish and its place in ethics*. New York: Rinehart and Winston.［(抄訳) 本多　啓訳　第二章　フロイト流の意図　佐々木正人・三嶋博之編訳　2005　生態心理学の構想（pp.65–96）東京大学出版会］

Latash, M. L. 2008 *Synergy*. New York: Oxford University Press.

Mace, W. M. 1977 James J. Gibson's strategy for perceiving: Ask not what's inside your head, but what your head's inside of. In R. Shaw, & J. Bransford (Eds.), *Perceiving, Acting, and knowing: Toward an ecological psychology* (pp.43–66). New Jersey: Lawrence Erlbaum Associates.

Menary, R. (Ed.) 2010 *The extended mind*. Cambridge: The MIT Press.

村上陽一郎　1986　近代科学を超えて　講談社学術文庫

Nonaka, T. 2013 Motor variability but functional specificity: The case of a C4 tetraplegic mouth calligrapher. *Ecological Psychology*, **25**, 131–154.

Rowlands, M. 2010 *The new science of mind: From extended mind to*

embodied phenomenology. Cambridge: The MIT Press.

佐々木正人　2008　アフォーダンス入門――知性はどこに生まれるか　講談社学術文庫

Schöner, G. 1995 Recent developments and problems in human movement science and their conceptual implications. *Ecological Psychology*, **8**, 291–314.

II部

Anscombe, G. E. M. 1957 *Intention*. Cambridge: Harvard University Press.［菅豊彦訳　1984　インテンション――実践知の考察　産業図書］

アリストテレス　中畑正志訳　2001　魂について　京都大学学術出版会

Bernstein, 1967, *op. cit*.

Bernstein, 1996 *Dexterity and its development*. Marwah: Erlbaum.［工藤和俊訳　2003　デクステリティ 巧みさとその発達　金子書房］

Biryukova, E., & Bril, B. 2012 Biomechanical analysis of tool use: A return to Bernstein's tradition. *Zeitschrift für Psychologie*, **220** (1), 53–54.

Gelfand, et al., 1971, *op. cit*.

Gibson, 1966, *op. cit*.

Gibson, 1979, *op. cit*.

Holt, E. B. 1912 The place of illusory experience in a realistic world. In E. B. Holt, W. T. Marvin, W. P. Montague, R. B. Perry, W. B. Pitkin, & E. G. Spaulding, *The new realism: Coöperative studies in philosophy* (pp.303–373). New York: Macmillan.

Holt, 1915c, *op. cit.*

Kay, B. A., Turvey, M. T., & Meijer, O. G. 2003 An early oscillator model: Studies on the Biodynamics of the piano strike (Bernstein & Popova, 1930), *Motor Control*, **7**, 1–45.

Latash, M. L., & Jaric, S. 2002 Organization of drinking: Postural characteristics of arm–head coordination. *Journal of Motor Behavior*, **34** (2), 139–150.

Merleau-Ponty, M. 1942 *Structure du comportement*. Paris: PUF.［滝浦静雄・木田元訳　1964　行動の構造　みすず書房］

Merleau-Ponty, M. 1945 *Phénoménologie de la perception*. Paris: Gallimard.［竹内芳郎・小木貞孝訳　1967　知覚の現象学１　竹内芳郎・木田元・宮本忠雄訳　1974　知覚の現象学２　みすず書房］

中畑正志　2011　魂の変容——心的基礎概念の歴史的構成　岩波書店
Reed, E. S. 1996 *Encountering the world: Toward an ecological psychology*. New York: Oxford University Press. [細田直哉訳　佐々木正人監修　2000　アフォーダンスの心理学——生態心理学への道　新曜社]
Reed, E. S. 1997 *From soul to mind: The emergence of psychology, from Erasmus Darwin to William James.* New Haven: Yale University Press. [村田純一・染谷昌義・鈴木貴之訳　2000　魂から心へ——心理学の誕生　青土社]
佐々木正人　2008，前掲書
Walls, G. L. 1942 *The vertebrate eye and its adaptive radiation*. Bloomfield Hills: Cranbrook Institute of Science.
山﨑寛恵　2011　乳児期におけるつかまり立ちの生態幾何学的記述——姿勢制御と面の配置の知覚に着目して　質的心理学研究　10号，7-24.

III部
アリストテレス　出隆訳　1959　形而上学（上）岩波書店
アリストテレス　中畑正志訳　2001，前掲書
アリストテレス　内山勝利・神崎繁・中畑正志編集　2014　新版アリストテレス全集 7 魂について　自然学小論集　岩波書店
Brenneman, R. J. 1984 *Fuller's earth: A day with bucky and the kids*. New York: St. Martin's Press. [芹沢高志・高岸道子訳　1990　フラーがぼくたちに話したこと　めるくまーる]
Chen, C. S., & Ingber, D. E. 1999 Tensegrity and mechanoregulation: From skeleton to cytoskeleton. *Osteoarthritis and Cartilage*, **7** (1), 81-94.
Forouhar, A. S., Liebling, M., Hickerson, A., Nasiraei-Moghaddam, A., Tsai, H. J., Hove, J. R., ... Gharib, M. 2006 The embryonic vertebrate heart tube is a dynamic suction pump. *Science*, **312** (5774), 751-753.
Fuller, R. B. 1975 *Synergetics*. New York: McMillan.
Fuller, R. B. 1979 *Synergetics 2: Further explorations in the geometry of thinking*. New York: McMillan.
Gibson, 1966, *op. cit*.
Goldfield, E. C., Park, Y-L., Chen, B-R., Hsu, W-H., Young, D., Wehner, M., ... Wood, R. J. 2012 Bio-inspired design of soft robotic assistive devices: The interface of physics, biology, and behavior. *Ecological Psy-*

chology, **24** (4), 300–327.
Heider, F. 1926 Ding und Medium. *Symposion*, **1**, 109–157.
Heider, F. 1983 *The life of a psychologist: An autobiography*. Lawrence: University of Kansas Press.［堀端孝治訳　1988　ある心理学者の生涯——現代心理学史の一側面を歩んだハイダーの自叙伝　協同出版］
稲垣良典　1990　抽象と直観——中世後期認識理論の研究　創文社
Ingber, D. E. 1998 The architecture of life. *Scientific American*, **278** (1), 48–57.
Ingber, D. E. 2006 Cellular mechanotransduction: Putting all the pieces together again. *The FASEB Journal*, **20** (7), 811–827.
Ingber, D. E., & Landau, M. 2012 Tensegrity. *Scholarpedia*, **7** (2), 8344.
Kokkorogiannis, T. 2008 Two enigmas in proprioception: Abundance and location of muscle spindles. *Brain Research Bulletin*, **75**, 495–496.
Leibniz, G. W. 1714 Monadologie.［清水富雄・竹田篤司・飯塚勝久訳　2005　モナドロジー・形而上学叙論　中央公論新社］
中畑正志　2011，前掲書
坂部恵　2012　ヨーロッパ精神史入門——カロリング・ルネサンスの残光　岩波書店
Turvey, M. T., & Carello, C. 2011 Obtaining information by dynamic (effortful) touching. *Philosophical Transactions of the Royal Society B: Biological Sciences*, **366** (1581), 3123–3132.
Turvey, M. T., & Fonseca, S. T. 2014 The medium of haptic perception: A tensegrity hypothesis. *Journal of Motor Behavior*, **46** (3), 143–187.

実在論の根拠

Chisholm, R. 1960 Editor's Introduction. In R. Chisholm (Ed.), *Realism and the background of phenomenology* (pp.3–36). Glencoe, Illinois: The Free Press.
Clark, A. 2013 Whatever next?: Predictive brains, situated agents, and the future of cognitive science. *Behavioral and Brain Sciences*, **36**, 181–253.
Gibson, E. 2002, *op. cit.*
Gibson, 1950, *op. cit.*
Gibson, J. J. 1960/1982 The concept of stimulus in psychology. Reprinted in E. Reed, & R. Jones (Eds.), 1982 *Reasons for realism: Selected es-*

says of James J. Gibson (pp.333–348). Hillsdale, NJ: Lawrence Erlbaum Associates.［境敦史訳　2004　心理学における刺激の概念　直接知覚論の根拠――ギブソン心理学論集（pp.275–298）勁草書房］

Gibson, 1966, *op. cit.*

Gibson, J. J. 1967a/1982 New reasons for realism. *Synthese*, 17, 162–172. Reprinted in E. Reed, & R. Jones (Eds.), 1982 *Reasons for realism: Selected essays of James J. Gibson* (pp.374–384). Hillsdale, NJ: Lawrence Erlbaum Associations.［河野哲也訳　2004　実在論の新たな根拠　直接知覚論の根拠――ギブソン心理学論集（pp.303–318）勁草書房］

Gibson, J. J. 1967b/1982 James J. Gibson Autobiography. In E. G. Boring, & G. Lindzey (Eds.), *History of psychology in autobiography*, Vol. 5. New York: Appelton Century Crofts. Reprinted in E. Reed, & R. Jones (Eds.), 1982 pp.7–22.

Gibson, 1979, 前掲書

Reed, E. S. 1988 *James, J. Gibson and the psychology of perception.* New Haven: Yale University Press.［佐々木正人監訳　柴田崇・高橋綾訳　2006　伝記 ジェームズ・ギブソン――知覚理論の革命　勁草書房］

Reed, E., & Jones, R. (Eds.) 1982 *Reasons for realism: Selected essays of James J. Gibson.* Hillsdale, NJ: Lawrence Erlbaum Associates.［(抄訳) 境敦史・河野哲也訳　2004　直接知覚論の根拠――ギブソン心理学論集　勁草書房］

染谷　昌義（そめや　まさよし）

北海道大学人間知・脳・AI研究教育センター博士研究員。

1970年生まれ。立教大学心理学部卒業。東京大学大学院総合文化研究科博士課程修了（博士（学術））。高千穂大学での教員経験を経て2023年より現職。専門は心理学の哲学、現象学。主要著書に『知覚経験の生態学』（勁草書房）、『心の哲学史』（共著、講談社）、『世紀転換期の英米哲学における観念論と実在論』（共著、ratik）、*Art and Philosophy in the 22nd Century: After Arakawa and Madeline Gins*（共著、ratik）、『わざの人類学』（共著、京都大学出版会）など。共訳書にE・リード『魂から心へ』（講談社）など。

細田　直哉（ほそだ　なおや）

国立市幼児教育センター所長・くにたち未来共創拠点矢川プラス館長。

1971年生まれ。東京大学文学部哲学科卒業、東京大学大学院教育学研究科修了。教育の原点を求めて小中学校の教員になるものの、学校の勉強は本当に必要なのか疑問を感じ、人間の生活の原点を求めて、農家に弟子入り。その後、ヒトが人間になる過程を生態心理学的に研究するため研究者になる。趣味は生きること。主要な著作に『アフォーダンスの心理学――生態心理学への道』（翻訳、新曜社）、『あそんでまなぶ　わたしとせかい：子どもの育ちと環境のひみつ』（共著、みらい）。

野中　哲士（のなか　てつし）

神戸大学大学院人間発達環境学研究科教授。

1972年生まれ。音楽家として活動したのち東京大学大学院学際情報学府博士課程修了。2013年に「運動の生物科学」で第22回中山人間科学振興財団中山賞奨励賞、2017年に「身体―環境系における柔軟な行為制御の研究」で第14回日本学術振興会賞を受賞。2016～17年ハーバード大学Wyss Institute、2022年ケンブリッジ大学工学部客員研究員。著書に『具体の知能』ほか。International Society for Ecological Psychology 理事。

佐々木　正人（ささき　まさと）

多摩美術大学客員教授、東京大学名誉教授。

1952年生まれ。筑波大学大学院心身障害学研究科博士課程中退。教育学博士。主要著書に『新版　アフォーダンス』（岩波科学ライブラリー）、『知覚はおわらない』（青土社）、『アフォーダンス入門』（講談社学術文庫）、『レイアウトの法則』（春秋社）、『あらゆるところに同時にいる――アフォーダンスの幾何学』、『最新講義　アフォーダンス　地球の心理学』（2点ともに、学芸みらい社）など。監訳書に『デクステリティ　巧みさとその発達』（金子書房）、『生態学的知覚システム』（東京大学出版会）など。

シリーズ編集
佐々木正人　多摩美術大学客員教授、東京大学名誉教授
國吉　康夫　東京大学 次世代知能科学研究センター長・
大学院情報理工学系研究科教授

新・身体とシステム
身体とアフォーダンス
ギブソン『生態学的知覚システム』から読み解く

2018年4月30日　初版第1刷発行　　　　検印省略
2025年1月20日　初版第2刷発行

著　者　染谷昌義・細田直哉
　　　　野中哲士・佐々木正人
発行者　金子紀子
発行所　株式会社 金子書房
〒112-0012東京都文京区大塚3-3-7
TEL 03-3941-0111／FAX 03-3941-0163
振替 00180-9-103376
URL　https://www.kanekoshobo.co.jp

印刷／藤原印刷株式会社
製本／有限会社井上製本所

ISBN978-4-7608-9392-8　C3311　　Printed in Japan